新股民选股
入门与技巧

蒋建江◎编著

中国纺织出版社

内容提要

选股是炒股盈利的关键点，是一切炒股技巧发挥作用的基础。如何从众多的股票中选出具有上涨潜力的股票，是每一个初入股市的投资者最为关心的问题。

本书根据当前股市的特点以及投资者的不同需要，分别从辨别真正的潜力和抗跌性股，透过行情选牛股，透过题材选牛股，透过基本面选牛股，透过技术面选牛股，透过"高转送"选牛股，透过成长性选牛股和选股关键细节等方面，结合涨幅榜、跌幅榜、振幅榜、换手率、量比等，阐释选股思路和方法，引导读者在实战操作中看清股市，选中牛股，迅速提升选股水平，尽快实现盈利。

图书在版编目（CIP）数据

新股民选股入门与技巧 / 蒋建江编著. -- 北京：中国纺织出版社，2022.2（2022.10重印）
ISBN 978-7-5180-1837-6

Ⅰ. ①新… Ⅱ. ①蒋… Ⅲ. ①股票投资—基本知识 Ⅳ. ①F830.91

中国版本图书馆CIP数据核字（2015）第161453号

责任编辑：闫 星　　责任校对：高 涵　　责任印制：储志伟

中国纺织出版社出版发行
地址：北京市朝阳区百子湾东里A407号楼　邮政编码：100124
销售电话：010—67004422　传真：010—87155801
http://www.c-textilep.com
中国纺织出版社天猫旗舰店
官方微博：http://weibo.com/2119887771
三河市延风印装有限公司印刷　各地新华书店经销
2022年2月第1版　2022年10月第2次印刷
开本：710×1000　1/16　印张：14
字数：142千字　定价：49.80元

凡购本书，如有缺页、倒页、脱页，由本社图书营销中心调换

序言

2015年，在国家政策、金融体系和实体经济三大风口的共同推动下，两市大幅上涨，沪指突破4500点关口，成交额连续破万亿。伴随牛市行情的迅猛来袭，众多新股民跃跃欲试，单周325.7万的开户数更是刷新了历史纪录。一阵阵的"炒股热"正在袭来，各家证券营业部里的大妈们忽然多了起来，全民皆炒股又一次成为现实。

但是，高收益永远伴随高风险，股市行情更是风云变幻，稍有不慎便有可能满盘皆输。有数据显示，在股市中永远都是80%的人赔钱，10%的人保本，而只有10%的人赚钱。不幸的是赔钱的大部分都是新股民；更不幸的是即便在牛市，仍不乏大量割肉离场的新股民。

炒股最关键的一步就是选股。对于新股民来说，其所面临的最大风险，并非熊市，而是其自身知识结构和技术能力的欠缺，其中尤以选股能力为甚。能否选对一只股票，不仅决定了股民能否盈利，也决定了其盈利的多少。从本质上讲，选股是一门实操的技术。然而，受自身能力所限，一些新股民朋友炒股一直依赖一些让人啼笑皆非的选股方式，如"摇骰子""挑名字""选幸运数字"等，这是新股民朋友投资股市最大的隐患。

不管是牛市还是熊市，其中都不乏"牛股"，不管外界如何变化，它都能为股民朋友带来丰厚的利润回报，只要股民能在众多股票中"慧眼识珠"。如果股民错把弱势股当牛股，将会失去套利的机会，甚至血本无归。

为了帮助新股民学会选股，我们特意编写了此书，以帮助新股民朋友提高自身的选股知识和技能，奠定良好的投资获利基础，最大化地拓展利润空间。新股民朋友们资金和实力有限，要想在股市中成为少数赚钱的人，就必须掌握选股的技巧，选择一只大牛股，让自己从一开始就奠定获利的基础。

在内容上，本书既包含了选股基本功——判断什么才是真正的潜力股，也包含具体的选股方法，如基本面选股、技术面选股、成长性选股、高送转选股、题材选股、行情选股，最后也包括选股实战技法。通过学习以上选股基本功，相信新股民朋友一定能够认识和了解选股，提高实战水平和素养，最终选对牛股，提高赚钱的概率，降低被套的风险！

编著者

目 录

第一章 如何辨别真正的潜力股 ··· 1

一、抗跌性较强 ··· 2
（一）垄断行业龙头股 ··· 2
（二）蓝筹股 ·· 2
（三）低市盈率股 ·· 4

二、长期处于底部盘整 ·· 5
（一）蛰伏底 ·· 5
（二）W 底 ·· 6

三、筹码集中度较高 ·· 7
（一）密集型筹码分布 ··· 8
（二）筹码低位锁定 ·· 9

四、屡创新高 ·· 10
（一）庄家重仓持股 ··· 11
（二）较好的行业景气周期 ··· 11
（三）优良业绩支撑 ··· 11

五、上涨时间较长 ··· 12
（一）按图索"牛" ··· 13
（二）跟庄寻"牛" ··· 13

六、属于市场主流热点 ·· 15
（一）以行业背景为基础的主流热点 ·· 15
（二）以概念背景为基础的主流热点 ·· 16

七、处于"价值洼地" ··· 18
（一）上市公司基本情况是否良好 ·· 18
（二）上市公司对股价走势的影响 ·· 20

第二章　透过行情选牛股 21

一、牛市中如何选股 22
（一）超级强势股 22
（二）龙头股 23

二、猴市中如何选股 26
（一）处于拉升阶段的股票 26
（二）走势与大盘相仿 28

三、熊市中如何选股 29
（一）龙头股 31
（二）小盘股 32

四、反弹行情中如何选股 33
（一）受利空消息打击而大幅下跌 34
（二）无量下跌 35
（三）领先大盘反弹 35

第三章　透过题材选牛股 37

一、垄断题材 38
（一）技术垄断型 40
（二）资源垄断型 41

二、行业政策题材 42
（一）行业利多 43
（二）行业利空 44

三、区域题材 45
（一）"一带一路" 46
（二）上海迪士尼 48

四、ST题材 49
（一）ST股神话 50
（二）ST股选择技巧 53

五、资产重组题材 ································· 54
　　（一）资产置换型 ····························· 55
　　（二）股权转让型 ····························· 56
　　（三）收购兼并型 ····························· 57

第四章　透过基本面选牛股　　　　　　　　　　　59

一、基本面决定个股投资价值 ····················· 60
二、公司基本面 ································· 61
　　（一）企业纯利润 ····························· 62
　　（二）股东权益回报率 ························· 63
三、财务基本面 ································· 64
　　（一）市销率 ································· 64
　　（二）市盈率 ································· 66
　　（三）市净率 ································· 67
四、行业基本面 ································· 68
　　（一）企业景气指数 ··························· 70
　　（二）企业家信息指数 ························· 72
五、经济基本面 ································· 72
　　（一）宏观经济 ······························· 73
　　（二）税率 ··································· 74

第五章　透过技术面选牛股　　　　　　　　　　　77

一、K线 ·· 78
　　（一）月K线 ································· 78
　　（二）周K线 ································· 79
　　（三）单日K线 ······························· 80
二、移动平均线 ································· 82
　　（一）5日均线 ······························· 83
　　（二）30日均线 ······························ 84
　　（三）120日均线 ····························· 85

— 3 —

三、MACD 指标 ... 86
　　（一）拒绝死叉 ... 87
　　（二）空中加油 ... 88
　　（三）底背离 ... 89
四、OBV 指标 ... 91
　　（一）股价下降，OBV 指标上升 ... 92
　　（二）OBV 指标横向整理后突然上升 ... 92
　　（三）股价创出新低，OBV 指标却没有同时创新低 ... 93
五、BOLL 指标 ... 94
　　（一）基本面良好 ... 95
　　（二）长期处于底部 ... 96
　　（三）在支撑位上运行 ... 96
六、成交量 ... 97
　　（一）上涨突然放量 ... 97
　　（二）缩量涨停 ... 98
　　（三）整理之后底部放量 ... 100

第六章 透过"高送转"选牛股 ... 103

一、高送转的投资价值 ... 104
　　（一）市场环境 ... 106
　　（二）高送转企业特点 ... 106
二、"抢权"与"填权" ... 108
　　（一）抢权 ... 108
　　（二）填权 ... 111
三、小盘股容易高送转 ... 112
　　（一）上市时间短 ... 114
　　（二）行业好 ... 115
　　（三）股本小 ... 115
四、高送转有风险 ... 116
　　（一）股价严重透支 ... 117

（二）高送转财务游戏 …………………………………… 118

第七章　透过成长性选牛股 …………………………… 121

一、核心竞争力 ……………………………………………… 122
（一）净利润 ……………………………………………… 124
（二）每股收益 …………………………………………… 125
（三）每股经营现金流 …………………………………… 126
（四）主营业务收入 ……………………………………… 126

二、自主定价权 ……………………………………………… 127
（一）高端酒类企业 ……………………………………… 128
（二）驰名景点旅游企业 ………………………………… 128
（三）医药类企业 ………………………………………… 129

三、企业规模及扩张潜力 …………………………………… 131
（一）行业竞争地位 ……………………………………… 131
（二）规模扩大原因 ……………………………………… 131
（三）企业预期前景 ……………………………………… 133

四、产能增长 ………………………………………………… 134
（一）产能影响运作成本 ………………………………… 134
（二）产能是初始成本的主要决定因素 ………………… 135
（三）产能大小以及刚性会影响企业的竞争力 ………… 135
（四）产能决定企业满足市场需求的能力 ……………… 135

五、注资预期 ………………………………………………… 137
（一）第一大股东持股比例 ……………………………… 137
（二）新机构介入 ………………………………………… 137
（三）盈利能力稳定 ……………………………………… 138
（四）母公司有大量未上市资产 ………………………… 138
（五）股价适中 …………………………………………… 138

六、产品供不应求 …………………………………………… 139
（一）好股票的背后有好产品支撑 ……………………… 140
（二）产品供不应求最易产生牛股 ……………………… 142

七、新兴产业 142
　　（一）节能环保产业 143
　　（二）新材料产业 144
　　（三）新一代信息技术产业 145
　　（四）生物产业 146
　　（五）新能源产业 147
　　（六）高端装备制造业 148

第八章　透过公司估值法选牛股 151
一、公司估值法寻找价值洼地 152
　　（一）价值投资的基本策略 152
　　（二）常用的上市公司估值法 152
　　（三）估值不确定性的解决方法 154
二、绝对估值法中的红利折扣估值法 156
　　（一）常用的红利折扣估值法 156
　　（二）常用红利折扣估值法的实际操作 157
三、绝对估值法中的自由现金流估值法 161
　　（一）FCFF 模式 162
　　（二）FCFE 模式 163
四、其他绝对估值法 164
　　（一）AE 估值法 164
　　（二）EVA 估值法 165
　　（三）APV 估值法 165

第九章　选股的自我修炼 167
一、独立判断，理性选股 168
　　（一）不可尽信股评 169
　　（二）不可尽信网络信息 170
二、关注趋势线，而非小利 171
　　（一）上升趋势线 172

（二）水平趋势线 ………………………………………… 173
　　（三）下降趋势线 ………………………………………… 174
三、动态看待个股估值 ………………………………………… 175
　　（一）PEG 值大于 1 ……………………………………… 176
　　（二）PEG 值小于 1 ……………………………………… 176
　　（三）PEG 值等于 1 ……………………………………… 177
四、区别对待快牛与慢牛 ……………………………………… 179
　　（一）慢牛 ………………………………………………… 179
　　（二）快牛 ………………………………………………… 180
五、抓住牛股的二次行情 ……………………………………… 182
　　（一）抓住第二次行情 …………………………………… 182
　　（二）波浪理论 …………………………………………… 183
六、选股失误，务必及时止损 ………………………………… 185
　　（一）基本面止损 ………………………………………… 185
　　（二）技术面止损 ………………………………………… 186
　　（三）心理价位上止损 …………………………………… 188
七、全仓杀入，逢高减仓 ……………………………………… 189
　　（一）全仓杀入 …………………………………………… 189
　　（二）逢高减仓 …………………………………………… 191

附录　炒股就是拼心态 ………………………………………… 193
　一、克服人性弱点，方可炒股赚钱 ………………………… 194
　二、平常心：不以涨喜，不以跌悲 ………………………… 196
　三、自律：摆平自己，方可笑傲股市 ……………………… 199
　四、果决：想到就要做到，切勿患得患失 ………………… 200
　五、虚心：三人炒股，必有我师 …………………………… 202
　六、放低：期望越大，失望越大 …………………………… 204
　七、稳重：确保自己输得起 ………………………………… 206

八、自省：时时打扫心灵垃圾 …………………………………… 208

九、健康：炒股最大的资本 …………………………………… 210

参考文献 ………………………………………………………… 212

第一章 ◉ 如何辨别真正的潜力股

新股民朋友该如何选择一只好股票来进行投资？要回答这个问题，首先就要弄清楚，什么样的股票算得上好股票。接下来要弄明白，如何在几千只股票里挑选出一只好股票。所以，新股民朋友们在入市前需要学习的第一课，便是如何辨别真正的潜力股，也就是我们通常所说的好股票。

一、抗跌性较强

股票市场的行情千变万化，遇到熊市，股价下跌也是无可奈何的事。所以，若在大盘整体下跌的态势中拥有一只牛股，就相当于在寒冷的冬天拥有可以取暖的装备。

牛股指的是在一段时间内，涨幅比其他个股高的股票。真正的牛股，在牛市或熊市中都会有出色的表现，具有较强的抗跌性。

在中国的股票市场中，存在三类具有较强抗跌性的股票，这三类股票分别为：垄断行业龙头股、蓝筹股、低市盈率股。选择一只抗跌股，可有效降低风险，在牛市时获利多多，在熊市中独善其身。这对于新入市的股民朋友们来说，是非常重要的事。

（一）垄断行业龙头股

垄断行业通常会受到国家政策的扶持，如能源行业、交通行业、通信行业等，由于其行业资源稀缺，发展周期较为稳定，受到市场竞争或者整体经济形势的影响较小，处于这样行业的公司股票通常其股价不会大幅下跌。在经济形势发展较好的背景下，处于这类行业的公司因拥有良好的基本面支撑，其业绩相对于处于其他行业的公司有着更快的增速。而垄断行业的龙头股则是股市中的领头羊，选择这类股票是比较理想的。

（二）蓝筹股

蓝筹股是指在其所属行业内占有重要支配性地位、业绩优良、成交活跃、红利优厚的上市公司股票。这类公司拥有良好的经营业绩，具有稳定且较高的现金股利支付水平。因为有优秀的基本面支撑，公司的业绩、收益、股本规模和红利，都能成为支撑其股价的依据。

这类公司在行业景气或不景气时都有能力赚取利润。公司的股票在行情处于熊市，大盘大幅下跌的时候，也能表现出较强的抗跌性，有时甚至能够以盘整来替代下跌。而在大盘转势或者进入牛市的时候，其股价往往一飞冲天。

新股民朋友在股市投资的过程中，如果想找到一只具有抗跌性的蓝筹股，比较简单的方法是观察 K 线走势图，找到以横向整理替代下跌的股票。这类股票往往都会有实力超强的庄家长期把守，并且市场投资者在行情消极的时候也更看好这类股票，所以这类股票的卖盘会比较轻，浮动的筹码也会比较少。

2014 年 4 月 11 日~4 月 29 日，上证指数以单边下跌的态势，从 2138.65 点下跌至 1997.64 点，跌幅达到 6.59%（图 1–1）。

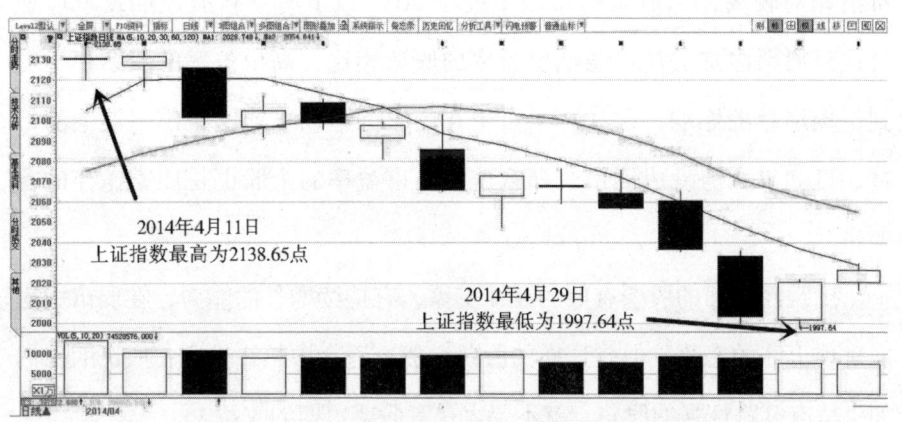

图 1–1　2014 年 4 月~5 月上证指数日 K 线图

华能国际（股票代码：600011）作为中国股市中不折不扣的蓝筹股，在上证指数呈单边下跌的这段时间里，一直以震荡整理的态势持续运行，仿佛大盘的跌势与自己无关，其抗跌性可见一斑（图1-2）。

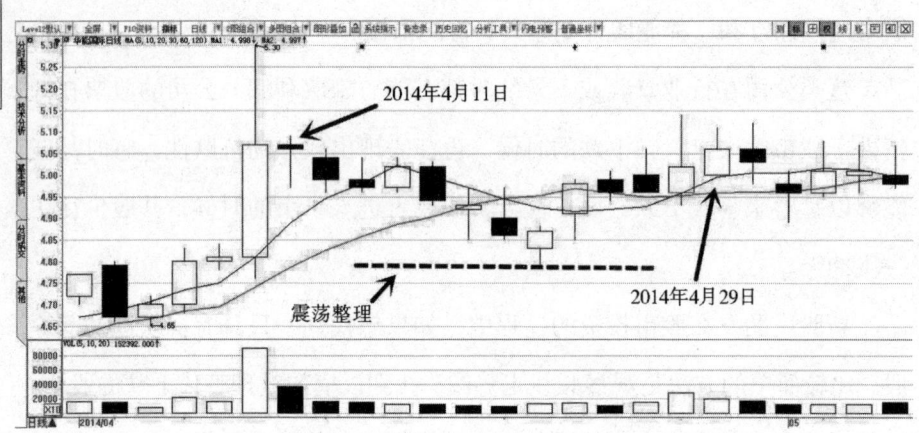

图1-2　2014年4月~5月华能国际日K线图

（三）低市盈率股

一般情况下，一只股票具有比较低的市盈率，表明这只股票的投资价值相对较高，当股票的市盈率处于20倍以下时，新股民朋友就应该对这只股票多加关注。与低市盈率的股票相比，高市盈率的股票由于受到市场消息的影响，往往在牛市中在庄家的推动下能够走出一波上涨行情；可如果大势变成熊市，那么这类高市盈率的个股也是庄家抛弃的首要目标。

抗跌性较强的股票有好的业绩支撑，有持续增长的能力，在弱市中也能呈现上涨的态势。但是这样的股票一般更适合中长线投资，股民朋友们如果持有抗跌性强的股票，就不要太在意股票短期的收益。

二、长期处于底部盘整

一般情况下，大牛股的一个主要特点就是底部构建时间很长。对于未来有 10 倍或者 10 倍以上涨幅的超级潜力股来说，构建起一个完美的底部，有利于后市的大行情。

桂冠电力（股票代码：600236）是全国第一家以股份制形式筹集资金进行大中型水电站建设的企业。桂冠电力拥有的水资源具有得天独厚的优势，与同类水电上市公司相比，除了装机容量逊色于长电科技之外，位居国内第二大水电企业。其股票自 2014 年 4 月开始在底部区域横盘整理至 9 月，为该股后市的大幅上涨奠定了良好的基础。2014 年 6 月 20 日，该股最低价仅为 2.66 元，2015 年 5 月 5 日该股最高价已经上涨到 9.60 元，其间涨幅高达 260.90%（图 1-3）。

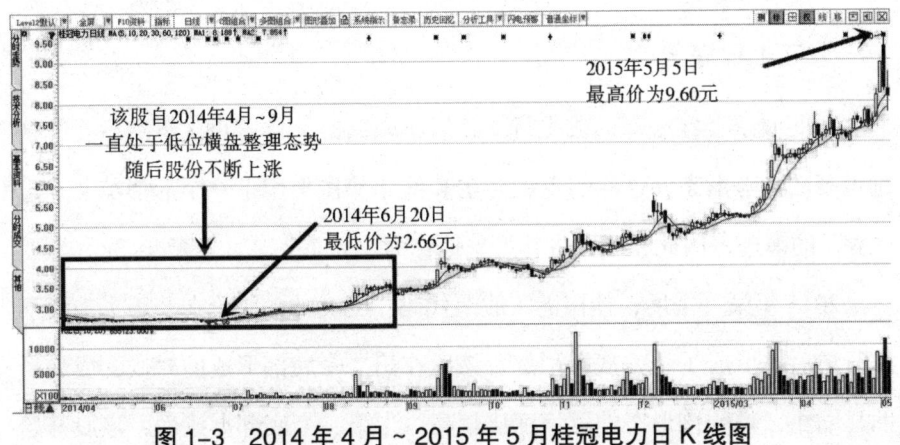

图 1-3　2014 年 4 月～2015 年 5 月桂冠电力日 K 线图

（一）蛰伏底

一些股票在底部长时间徘徊，上涨后便会一直向上，不会出现回落。这种股票的长期底部在股市中被称作"蛰伏底"。

蓝星新材（股票代码：600299）是"蛰伏底"个股的典型代表。2014年12月至2015年2月，该股以低位横盘整理的态势运行，当股价突破这种态势后，就开始疯狂上涨。截至2015年4月8日，该股最高价已经达到20.59元，较之前的最低点相比，涨幅达284.78%（图1-4）。

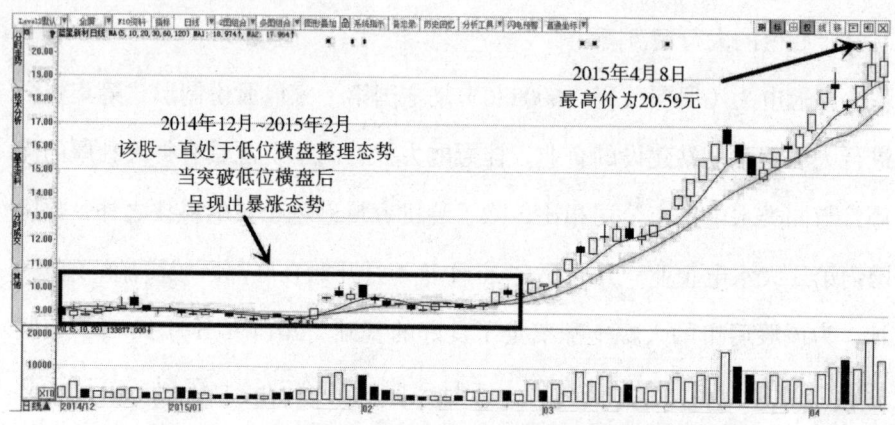

图1-4　2014年12月~2015年4月蓝星新材日K线图

（二）W底

一些股票会在底部形成先行下跌后小幅回升，接着再次下跌后，其持续走高的走势形态，这样的走势会在K线走势图上留下一个形似英文字母"W"的痕迹，因此，股民将其形象地称为"W底"。

2015年第一季度，盐田港（股票代码：000088）股价在经历了一段下跌行情后，形成了"W底"形态。该股在第二个底部形成的时候，成交量明显缩小，说明该形态的可信度比较高。当第二个底部形成后，该股开始大幅上涨。2015年1月19日，该股最高价格仅为8.52元；而经过"W底"的洗礼后，4月20日该股最高价格已经上涨到13.40元，涨幅达57.27%（图1-5）。

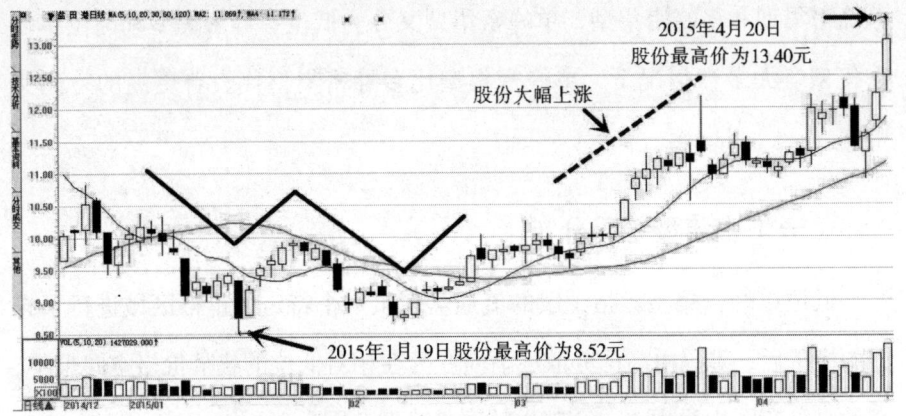

图1-5　2015年1月~4月盐田港日K线图

炒股一定要看好入市时机，要有耐心，不能只计较眼前的利益。很多股票的价格可能正处于小幅的震荡期或者盘整期，这个时候股民朋友们一定不要急躁，应慢慢等待。股票经过这种底部的构建，后期涨幅往往是巨大的。

三、筹码集中度较高

投资者手中的股票在股市中被称作筹码，筹码的分布可以反映出股民在不同的价位上持股数量。这种分布在炒股过程中，多数被用来研究庄家的行为。而庄家是指有资金实力和深层背景的集团或者机构。

在股票市场中，很多牛股和热门股背后都有庄家的影子，他们通过手中的筹码可以操控股价的走势。新股民朋友可以通过筹码集中度研究庄家的资金动作规律以及其持仓成本，在实际操作中，利用庄家的操作方向和意图，扩大自己的利润空间。

通常筹码的分布分为两种：密集型和发散型。其中，密集型可分为单峰密集型和多峰密集型，单峰密集型又分为低位单峰密集型和高位单峰密集型。大多数情况下，单峰密集型比多峰密集型代表着更高的筹码集中度。

（一）密集型筹码分布

低位单峰密集型，指个股的流通盘在某一个特定的价格区域进行了充分的换手后，筹码由高位分散逐渐演变为在相对低位的狭窄价格空间聚集，在筹码分布图中呈现出一个独立的密集峰型（图1-6）。

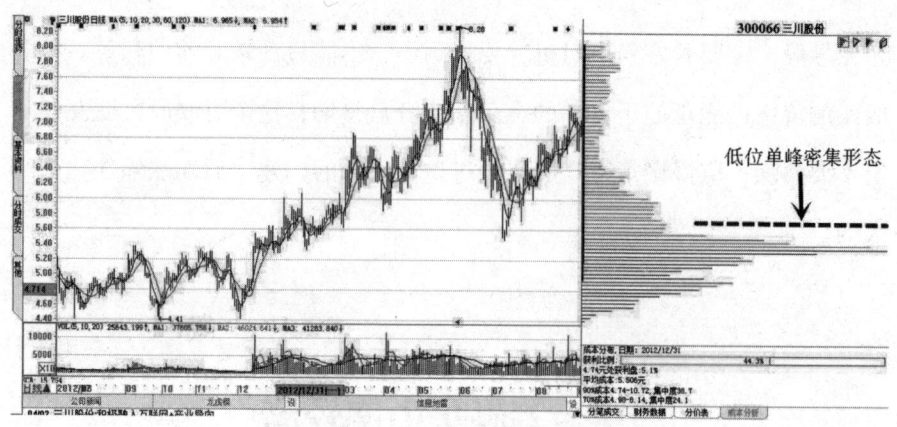

图1-6 低位单峰密集形态示意图

通常出现低位单峰密集形态后，大多数被高位套牢的散户割肉出局，而庄家开始买入。低位区出现单峰密集形态时，往往是庄家买而散户卖。在庄家筹码集中度较高的时候介入该股票，庄家在拉升股价时，就可以坐收渔利。

商业城（股票代码：600306）在2015年1月5日形成了低位单峰密集形态，之后该股上涨行情表明：庄家在这一低位单峰密集区域积极建仓吸筹，并且锁定了盘中大部分筹码，具有高度控盘的能力。随后，庄家开始推动股价向上运行。从发现庄家筹码高度集中的1月5日，至5

月 15 日，在 5 个月左右的时间内，该股最高价达到了 24.03 元，涨幅达 149.01%（图 1-7）。

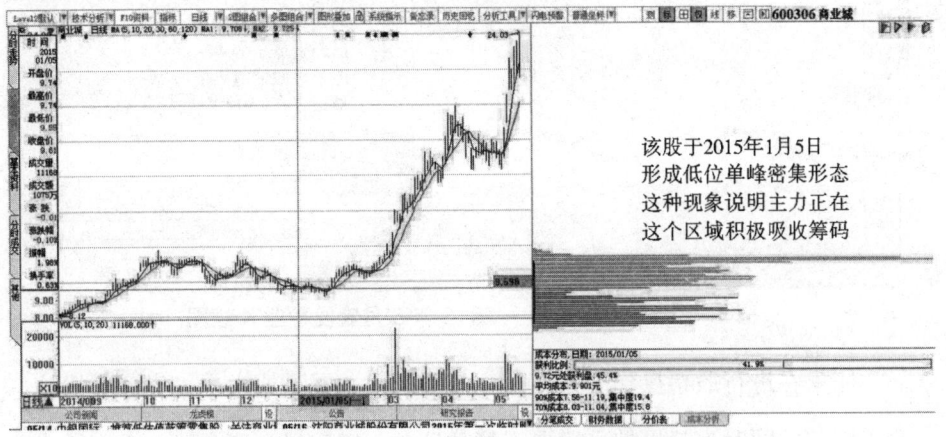

图 1-7　2014 年 9 月～2015 年 5 月商业城筹码分布图

（二）筹码低位锁定

在低位形成密集形态后，一般会出现股价的上涨，筹码开始不断呈现分散状态，开始由密集型转变为发散型。新股民需要注意的是，一些个股股价在升高，大部分的筹码却依旧在低位，好像被锁定在低位。这种现象表现出一个重要信息：庄家高度持仓。

2014 年 10 月 27 日，农发种业（股票代码：600313）呈现出低位密集形态，但这显然不是筹码的低位密集。虽然后市股价在不断上涨，但其筹码却被锁定在 6.5 元附近不动，很显然，这是庄家在高度持仓。虽然筹码被牢牢锁定，但是丝毫影响不到该股的上涨势头，截至 2015 年 5 月 4 日，该股最高价格已经达到 19.99 元，较上一低点 6.61 元相比，涨幅达到了 202.42%（图 1-8）。

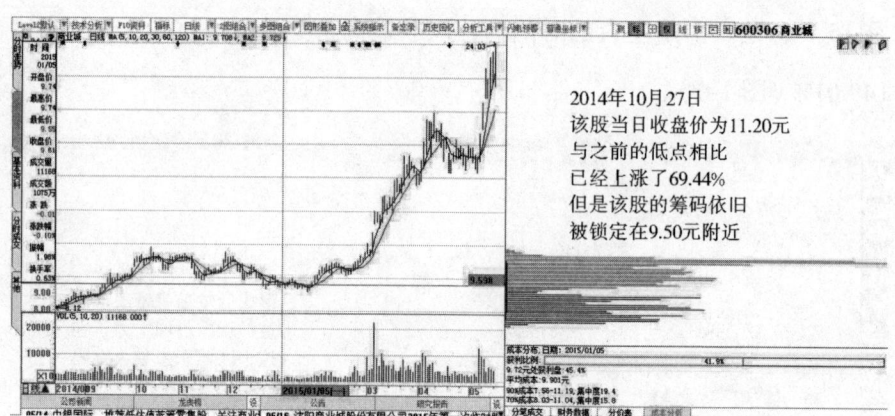

图1-8　2014年5月~2015年5月农发种业K线图

庄家在进行股票操作时是有一定规律的，或买进或卖出，庄家在操控筹码转移的同时也就操控着股票市场的涨跌。庄家操盘能力的大小直接决定于其吸收筹码的多少，而低位充分换手是庄家吸筹完毕的标志。新股民朋友研究分析庄家持仓成本的一个变化规律，在庄家建仓时买入股票，就会分得庄家拉升时带来的利润。

四、屡创新高

股价在不断上升，并且创造了一个历史新高点，这对新股民朋友们来说往往是跟进和加仓的信号。在这种时候，股价已经出现了一定的涨幅，股价上涨创出新高后，如果没有解套盘压力并且没有明显反转下跌的现象，便可放心持有。

推动股票创造历史新高点的动力便是大机构庄家重仓持股、较好的行业景气周期和企业本身优良的业绩等。

（一）庄家重仓持股

庄家重仓持有某只股票的时候，市场主流资金对该股的后市发展持积极态度，股票的后市发展空间也更加宽广。新股民朋友可以查看上市公司十大流通股东的持仓情况，分析持有重仓的股东的实力后，作出大致的判断。

如果重仓持有的股东有较强的实力，可以基本判断这是一只值得投资的股票。下一步所要做的，就是结合各项数据和分析技术来选择一个好的买卖点，最终通过自己的努力，从中套取丰厚的利润。

（二）较好的行业景气周期

在中国的股市中，每一个行业都有其特有的行业景气周期，有些行业景气周期可能会很长，而有些行业景气周期则会很短。如果上市公司所处的行业处于一个较好的行业周期内，那么不断流入其中的资金也会促使股价走高。

（三）优良业绩支撑

影响一只股票后市走向的主要原因，就在于企业主营收入对企业净利润增长率和每股收益的贡献大小。新股民朋友可以通过观察企业每期公布的财务数据来研究其业绩水平。

金鹰股份（股票代码：600232）是一家以制造麻、毛、丝、绢纺成套机械装备和注塑机械系列设备为基础产业的上市公司。它开创了国内独树一帜的纺机产品研制开发与纺织工艺实践紧密结合、不断改良、提高，机械制造与试验、生产基地建设并驾齐驱、同步发展的金鹰特色优势。该股先后于2014年8月29日、2014年9月15日、2014年11月3日、2014年11月18日强势突破前高，不断地创造出新的历史高点，充分打开了股票的上涨空间。2014年11月24日，该股最高价格已经达到了7.58元，相较于2014年6月19日的最低价4.42元，涨幅达71.49%（图1-9）。

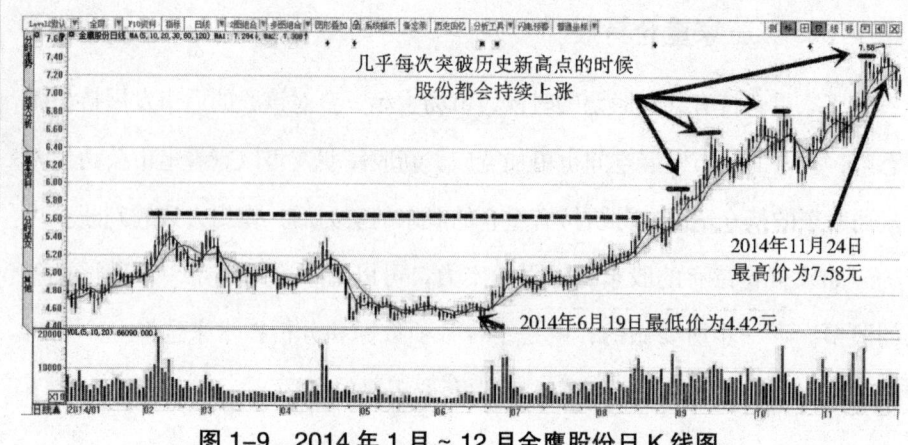

图1-9 2014年1月~12月金鹰股份日K线图

股价不断创造新高，股民朋友们一定要多加注意股市的整体趋势是上升还是下滑。成交量与股价的关系、筹码分布情况等都是需要引起重视的问题。

五、上涨时间较长

股票市场中有两千多只股票，要学会如何寻找牛股。并不是所有的牛股都会只涨不跌。由于背后有热点题材的支撑，一些牛股在短时间内快速上涨，价格翻倍。一旦经济形势等因素发生变化，会发生前面上涨太快而后市下跌的现象，而另外一些股票经过长时间发展，股价并未受经济形势变化等因素影响而下跌，这才是名副其实的牛股。选择这样的牛股，会为股民朋友带来丰厚回报。

在股市中，要学会等待，选择一只股票并给它发展的时间和空间，这才是真正意义上的股票投资。

金宇集团❶（股票代码：600201）是以生物制药和房地产开发为主导产

---

❶ 金宇集团于2015年底更名为生物股份。

业的多元化产业集团。主要成员企业包括：金宇保灵生物制药有限公司、扬州优邦生物制药有限公司等。2012年12月7日金宇集团股票最低价格仅为10.76元，但是经过不断地发展后，2015年5月18日，该股最高价格已经达到72.55元。两年左右的时间里，涨幅达574.26%（图1-10）。

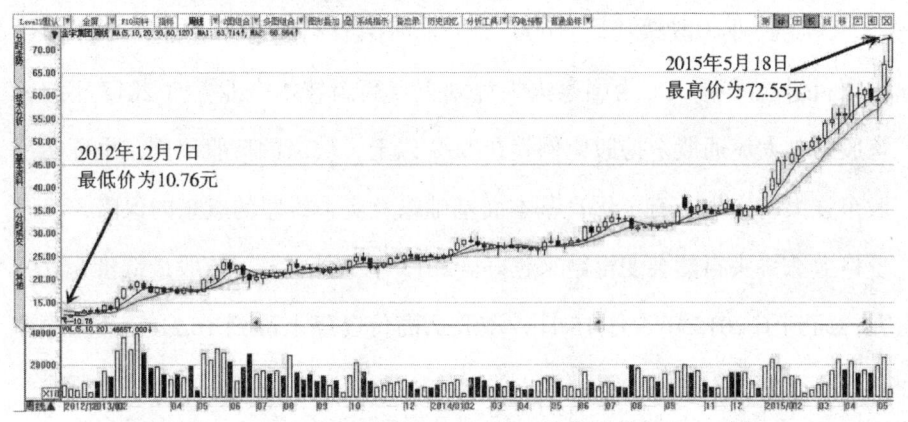

图1-10　2012年12月~2015年5月金宇集团日K线图

在选择股票时注意以下两点，有助于新股民朋友找到一只能够保持长期上涨趋势的大牛股。

（一）按图索"牛"

K线组合中的圆弧底，预示着中长线庄家将要拉升股价；此外，如果一只股票的底部成交量放大，股价呈缓慢上涨的态势，往往就意味着中场线庄家进场，股价被庄家操控一段时间后，会出现比较大的涨幅。

（二）跟庄寻"牛"

庄家偏爱介入十大股东持股数比例比较高、筹码锁定性良好的股票。庄家的这种偏好也反映出了以下几个问题：

第一，上市公司保持长期、稳定、持续地发展，有了不断增长的业绩作为基础，大资金运作的时候才不容易受到基本面的负面影响。

第二，只有上市公司业绩良好，发展稳定，大股东才愿意长期高比例持有其股票；相应地，拥有了实力强大的股东，上市公司的发展空间也就有了保障。

太龙药业（股票代码：600222）是河南省高新技术企业，2001年经国家科学技术部认证为国家火炬计划重点高新技术企业。自2012年起，该股的十大流通股东持股比例就在50%以上，较高的持股比例，也证明了股东强大的实力。有了优良基本面基础以及实力雄厚的股东的保障，该股价格上涨势头自然会变得越来越好。2012年9月7日，该股最低价为3.97元；而到了2015年5月15日，该股最高价已经上涨到16.21元，涨幅高达308.31%（图1-11）。

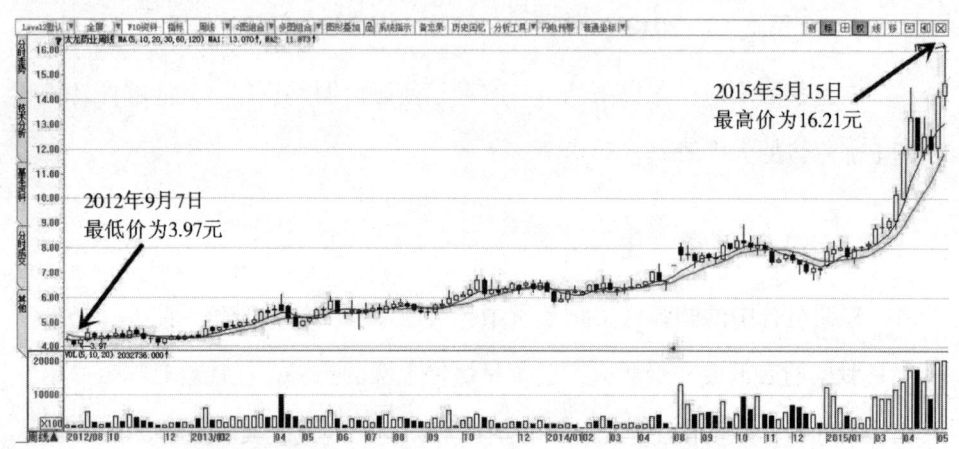

图1-11　2012年9月~2015年6月太龙药业周K线图

如果一家上市公司的净利润能在3~5年保持整体稳定向上的增长趋势，并且成长的空间很大。那么这样的上市公司的股票具有较大的投资价值，可以选择长期持有。只要选好买入时机就可以了。

六、属于市场主流热点

股票市场中的主流热点总是吸引着投资者的目光，而在其中诞生的龙头股更是受到投资者们的强烈追捧。所谓龙头股，是指某段时间内股票市场上炒作的对同行业板块内其他股票具有一定影响力和号召力的股票。如果新股民朋友能够选择这样一只股票，在行情早期的蓄势阶段便大胆介入其中，大多会取得较为丰厚的回报。

由于受到国家政策、市场行情等因素的影响，股市投资者们在不断变换着炒作的板块，不会一直固定在某个行业中。同样地，龙头股也不是永远固定为某只股票，它的地位往往只能维持一段时间。但龙头股的涨跌，会对同行业板块内其他股票的涨跌起到引导和示范作用。股市行情启动后，无论是大牛市还是中级反弹行情，龙头股都能引领大盘逐级走高，特别是在股市长时间下跌的过程中，龙头股也可逆市而为，表现坚挺。

股票市场中的主流热点大体可分为以行业背景为基础、以概念背景为基础和以地域背景为基础的三类热点，新股民朋友可以综合这三大类主流热点来选择牛股。而市场主流热点中诞生的龙头股往往能够逆市而动，这类股票的风险要比其他股票小得多。

（一）以行业背景为基础的主流热点

一只股票在其所属的行业里具有一定的影响力，且这个行业处于行业景气周期，这样的股票拥有强大的发展能力和巨大的吸引力。股票市场里所有的主流热点中，以行业为背景的主流热点比较多，因为行业的发展关系着国家的经济发展大局，国家出台的一些政策对行业有着巨大的影响。

光伏行业协会的报告中表明"目前中国光伏产业规模持续扩大，行业发展总体趋好"。2014年工信部出台了支持光伏发展的重磅文件，同时明确了光伏发电并入国家电网。到2017年底，将形成一批具有较强国际竞争力的骨干企业，支持形成15家光伏企业巨头。按照能源局的部署，将制定光伏发展"十三五"规划，提振光伏行业。

阳光电源（股票代码：300274）2014年1月至12月的净利润同比增长50.25%至72.35%。到了2015年营业收入本期金额较上年同期增长64.88%。2015年较上年同期新增电站系统集成业务收入18 677.11万元，另外，随着国内光伏市场的快速发展，光伏逆变器销售收入较上年同期增长10 083.62万元。

阳光电源在2015年与阿里云战略合作，发展智慧光伏电站与能源互联网；拟定增募资不超过33亿元投建220MW光伏电站。公司不断出现的这些利好消息，带动了股票的稳步上涨，股票价格从2014年12月22日到2015年6月3日一路看涨，由最低价14.97元攀升至52.80元，涨幅达252.71%（图1-12）。

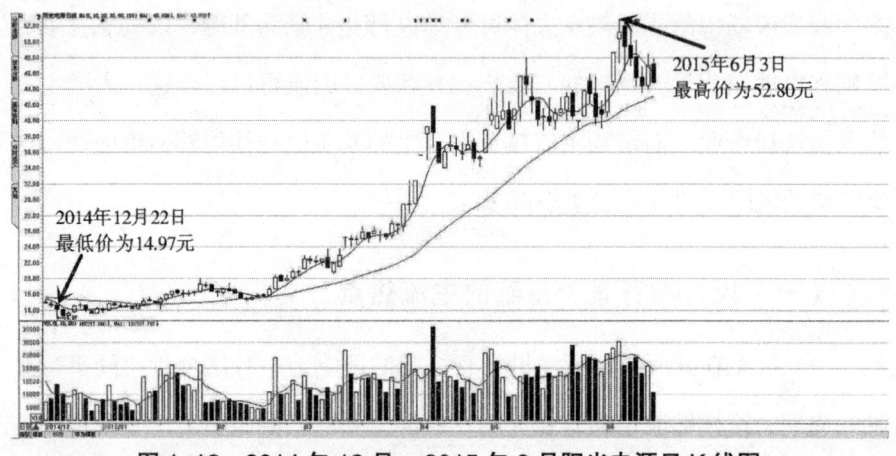

图1-12　2014年12月～2015年6月阳光电源日K线图

（二）以概念背景为基础的主流热点

概念股具有某种特别的内涵，通常这个内涵会被当作一种选股和炒作题材，成为股市的热点。它依靠具体的题材来支撑价格，也就是说，对股票所在行业经营业绩增长的提前炒作。

在努力实现"强国强军之梦"的时代背景下，军工行业将在未来较长一段时期呈现快速增长的趋势。2014年的军工股受到党的十八届三中全会设立国家安委会的直接影响，扶摇直上。资产注入、科研院所改制、"两机"专项、无人机的研制与发展等都是军工板块的直接刺激因素。

成飞集成（股票代码：002190）于2014年5月19日复牌。5月18日晚，成飞集团披露重组预案，公司将发行股票购买158.47亿元的歼击机和空面导弹等军工资产；同时定向增发股票融资不超过52.83亿元。与此同时，中航工业等三家企业以预估值158.47亿元作价，购买了成飞集团等三家公司100%的股权，用作先进战斗机及航空武器系统能力提升项目和两个民用项目。成飞集团2015年营业收入同比增加15 460万元，增长161.94%。具体的题材支撑航天军工板块获得超额收益，公司业绩快速发展的同时，股价也一路上涨。由2013年12月20日的最低价15.08元上涨至2014年7月14日的最高价72.60元（图1-13）。

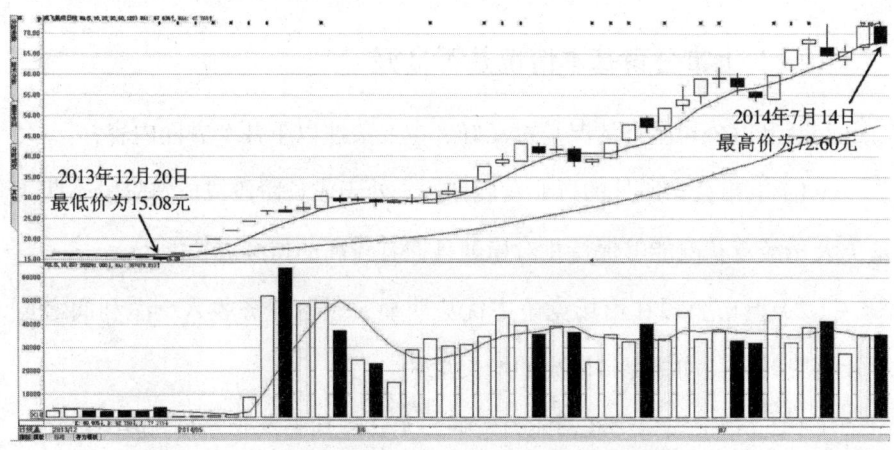

图1-13　2013年12月~2014年7月成飞集成日K线图

七、处于"价值洼地"

股票的价格是由股票的内在价值决定的，它的价值可以体现在对上市公司的预期成长上。新股民朋友在选择投资某只股票前，要先对上市公司本身的价值进行预估。如果公司发展得好，规模不断扩大，效益也不断地提高，并且能够不断分红，那么股票的价值就越大。这样的股票是值得新股民朋友进行投资的。上市公司本身的价值与股票现有价格相符合，则该只股票处于安全购买区；若股票现有价格高于上市公司本身的价值，则该只股票处于风险泡沫区，新股民朋友在投资前需要谨慎考虑。

很少有新股民朋友能够真正地从股票的内在价值入手选择股票进行投资。但对于股票内在价值的预估可以帮助投资者判断买入某只股票价格是否合理，也可以判断新股民朋友拥有的股票价格是过高还是过低。新股民朋友在选择投资股票前，需要先对股票的内在价值进行评估，观察上市公司本身的内在价值，可以对一些价值被低估的股票多加关注。通过股票市盈率和上市公司的基本情况来判断股票的内在价值。

（一）上市公司基本情况是否良好

判断上市公司基本情况是否良好，主要关注以下几个方面内容：

（1）上市公司所处的行业发展良好，处于成长阶段或成熟阶段早期，这类公司经营状况能够保持相对稳健且拥有较高的持续成长能力。

（2）上市公司在市场竞争中优势明显，主营业务收入、净利润增长率及每股的收益均能保持较高的增长水平。

（3）上市公司持续经营能力较强，尤其是其主营业务经营能力很强；

（4）上市公司拥有一定的市场规模和抗风险能力。

（5）上市公司在所属行业中拥有核心竞争力，有着良好的市场知名度和品牌效应，是行业中的龙头企业。

张江高科技园区既是上海浦东新区的重点开发区，也是国家级高技术重点开发区之一。历经多年的熊市"洗礼"后，张江高科（股票代码：600895）终于在2014年下半年新牛市来临后从"价值洼地"中走了出来，股价也开始一路上涨。2014年8月14日该股最低价仅为6.92元，而到了2015年3月2日，该股最高价格已经上涨至21.15元，涨幅高达205.64%（图1-14）。

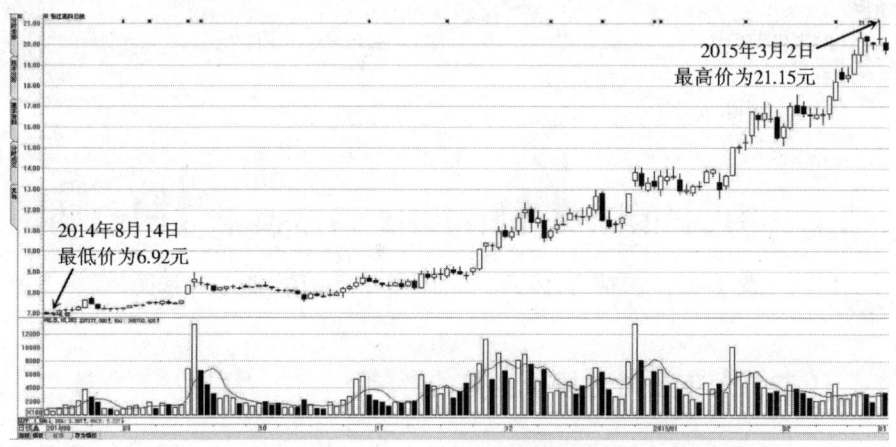

图1-14　2014年8月~2015年3月张江高科日K线图

中国铁建集团是中国乃至全球最具实力、最具规模的特大型综合建设集团之一。2012年在《财富》世界500强企业排名中列第111位，中国企业500强排名中列第7位。该企业核心及传统业务是工程承包业务，种类覆盖了铁路、公路、城市轨道、水利水电、房屋建筑、市政、桥梁、隧道、机场建设等多个领域。中国铁建集团在中国多个省、自治区、直辖市都有建设项目，并在非洲、亚洲、南美洲和欧洲等海外国家及地区参与基础设施建设。中国股市在2013~2014年经历了熊市，中国铁建（股票代码：

601186）的股票的内在价值被低估。2015年股市回暖，股票价格也回到股票的内在价值范围内。如果新股民朋友能够选中该股，那么就能坐享巨大的上涨行情。2014年10月16日该股最低价仅为5.19元，经过持续上涨后，截至2015年4月28日，该股最高价已经涨至28.18元，其间涨幅达442.97%（图1-15）。

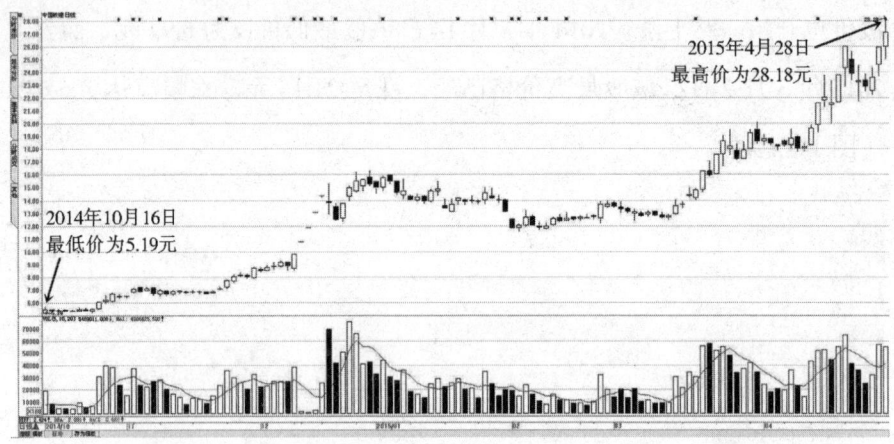

图1-15　2014年10月~2015年4月中国铁建日K线图

（二）上市公司对股价走势的影响

上市公司的基本情况对股价有着非常大的影响力。如果上市公司的基本情况令人担忧，那么其相关股票的价格也就没有了上涨的保证，即使有上涨行情出现，也不过是昙花一现；如果上市公司基本情况良好，并且整体环境也是积极向上的，那么上市公司的相关股票的股价就没有不持续上涨的理由。因此，新股民朋友在选择股票时，一定要分析该股背后的上市公司的基本情况。

第二章 ◉ 透过行情选牛股

没有不能赚钱的市场，只有不会选股的人。对于新股民来说，面对不同的市场行情，就需要采取不同的选股策略——牛市中厮杀就要找到涨势最猛、上涨空间最大的股票，然后长期持有；猴市中博弈就要找到走势灵活的股票，短进短出，赚取差价；而熊市保本时就要找到最抗跌的股票，设好止损，争取逆市赚钱。

一、牛市中如何选股

对于股民朋友来说，喜闻乐见的莫过于牛市。在牛市中，大盘走势积极向上，带动力极强。在大盘的带动下，大部分个股多少都会有些上涨。对于新股民朋友来说，在这种市场行情下，选对一只能赚钱的股票，就变成了一个大概率事件。

在牛市中，赚钱似乎是一件很容易的事情。但实际上，这个时候真正意义上的赚钱不是个股的微幅上涨，而是手中所持有的股票能够跑赢大盘。如果涨幅不大，没能涨过大盘，那么就不能算作真正的盈利，因为投入同样的金钱，你却错过了更好的赚钱机会。那么，在牛市中，到底应该如何选出牛股，跑赢大盘？

（一）超级强势股

相较于普通股票，超级强势股不仅上涨能力强，而且能迅速推高股价，轻松跑赢大盘。那么超级强势股都有哪些特点呢？

（1）能量积累过程较长。超级强势股不是一蹴而就的，在股价走高之前超级强势股都有一段较长时间的积累能量的过程。

（2）庄家实力极强。超级强势股必然少不了庄家的介入，而只有那些介入庄家实力雄厚的股票才会成为超级强势股。

（3）基本面过硬。企业基本面态势良好或者正在向积极方向转变，市场对其后市发展一致看好。

南京新百（股票代码：600682）是一家老字号大型百货零售企业，也是南京第一家商业企业股票上市公司。1952年8月成立至今，南京新百已经走过半个多世纪，并顺利发展成为中国十大百货商店之一。

从2015年1月12日起，在优良基本面以及市场人气的催动下，南京新百以14.40元启动，此后，经过几个月的横盘蓄势后，开始了一段几乎没有大幅回调的上涨行情，展示了惊人的上涨态势（图2-1）。截至5月14日，南京新百股票价格已经涨至72.41元，整体上涨幅度高达402.85%，不仅将其他股票远远地甩在了后面，而且成功跑赢了大盘。

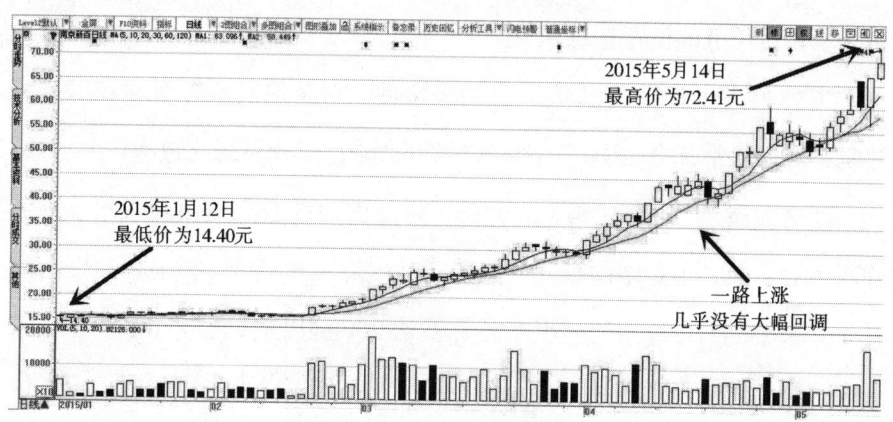

图2-1　2015年1月～6月南京新百日K线图

（二）龙头股

在股市中，龙头股堪称行业板块的灵魂，不仅其自身涨幅惊人，而且对同行业板块的其他股票有积极的影响力和号召力。在牛市行情中，龙头股往往直上不回，甚至任何与其相关的不利信息都会被湮没在不断上升的股价中。一旦龙头股的上涨态势萎靡，往往就预示着牛市行情快到尽头了。

对于新股民朋友来说，牛市行情中选择龙头股是一种非常简单、有效的选股方式，不仅可操作性极强，而且意味着能获得丰厚的回报，并且相对来说，所要承担的风险也比较小。

那么如何判断一只股票是否是龙头股呢？一般来说，龙头股具有以下几个特点：

（1）涨幅高于同期大盘涨幅。真正的龙头股上涨势头迅猛，在牛市中大幅高于同期大盘上涨幅度。

（2）起涨点价格相对较低。纵观沪深两市，龙头股起涨点几乎全是中低价位的股票。实际上龙头股后市之所以有足够的上涨空间和它前期价格处于相对较低的位置息息相关。

（3）巨量换手。龙头股具有领涨特性，对其他股票有引导和示范的效应，所以通常都会吸引资本市场的关注，成交量也就随之放大。

西南医药❶（股票代码：600666）是西南地区最大的西药生产企业、普药生产企业，也是中国唯一的麻醉药品定点生产基地。目前西南医药拥有 470 余个品规，每年药品生产品种多达 200 种以上，范围几乎涵盖一家普通医疗诊所的所有常用药物，且其生产的绝大部分产品都已经进入医保目录。

2014 年初，自中央提出"医保、医疗、医药"三医联动的导向后，医药、医疗政策重新定位。在此刺激下，医药行业股价整体越走越强劲。而西南医药公司在此政策的引导和推动下，加之自身良好的基本面，其股价从 2014 年 4 月开始持续上涨。进入 2014 年 12 月，股价上涨态势惊人，从 2014 年 12 月 23 日的 11.75 元，上涨到 2015 年 5 月 19 日的 36.66 元（图 2-2）。

---

❶ 西南医药于 2015 年 7 月变更为奥瑞德，奥瑞德于 2019 年 4 月变更为 ST 瑞德。

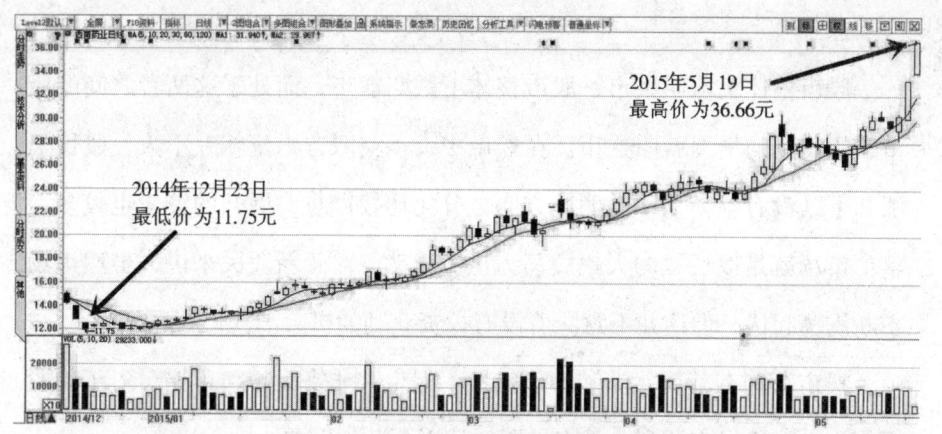

图2-2 2014年12月~2015年5月西南医药日K线图

大盘走势的每一个上涨波段，都会有各自的领军股票，也就是龙头股。每一波行情的龙头股在启动的时候，大盘一般都经历了大幅或者中幅的调整。每一个龙头股行情的终结，经常也就意味着一波上涨行情的结束，股民戏称为"龙头一倒，大家拉倒"。因此，有经验的股民经常将龙头股的走势作为一种研判大盘走势的依据。

在牛市中，不管是超级强势股，还是龙头股，都能对股市的人气起到巨大的推动作用，甚至能带动整个市场的行情发展。对于新股民朋友来说，跟准了这些股票，就意味着更多的盈利可能。当然想要选择一只龙头股，还需要具有良好的看盘能力以及敏锐的观察力。需要根据这类股票的特点仔细甄别，然后找准时机入手。对于那些最初没能判断出来，因此失去启动时的最佳介入时机的情况，新股民朋友也不必懊恼，一般只要涨幅还没有超过20%，仍有较大盈利机会，仍能获得可观回报。

二、猴市中如何选股

股市整体上涨叫牛市，股市整体下跌叫熊市，而处于这两者之间的股市大幅震荡的情况就叫猴市。在猴市中，多空双方力量相差不大，股价上涨和下跌没有整体划一的明确方向，分化比较严重，展开的波段也较多，整个市场就是以反复的大幅震荡为主。当然，对于新股民来讲，虽然市场不断震荡起伏，但这并不意味着没有投资获利的机会。

猴市获利有其偶然性和不确定性，但也并非毫无规律可循。对于新股民来说，要想猴市获利，重点就要关注以下几类股票：

（一）处于拉升阶段的股票

处于拉升阶段的股票，其拉升过程往往比较相似，都是以小阴小阳慢慢升高开始，然后出现大阳线向上突破，最后进入到急速上涨的阶段。在这个过程中，这类股票的特点也表现得十分明显：往前看，在上一轮行情中，涨幅不大，是弱市中的主角；上涨阶段，不断创造新高，明显处于拉升阶段，表现十分抢眼。

部分新股民刚开始看到这类股票已经有了比较大的涨幅，甚至不断创造新高，会有一些担心，担心其后继乏力，买入后不涨反跌。其实，如果这些情况真的发生了，那么这只股票也算不上是处于拉升阶段的股票。处于拉升阶段的个股，其有力的上涨态势一般都会持续一段时间，涨幅较大或者不断创造新高，表明该股风头正劲，投资者信心十足，愿意将资本注入。这时虽然股价偏高，甚至超出想象，看似风险较大，但实际上这正属于个股的主升阶段，是很好的买入时机，新股民朋友如果能够瞅准时机抓住这个机会，往往就会有意想不到的收获。

2014年4月至7月，中国股市属于典型的猴市行情，在这段时期，上证指数反复震荡，甚至触探过前期低点（图2-3）。

东百集团（股票代码：600693）于1993年在上海证券交易所挂牌上市，上市之后，企业发展进入了快车道。2014年3月至7月，在大盘处于猴市这段期间，东百集团在前半段涨幅不大，整体发展并不抢眼；发展到了中间段，东百集团股价开始巨幅震荡，而后直接进入拉升阶段，连续收阳的形式不断走高，大幅跑赢同期很多其他股票（图2-4）。

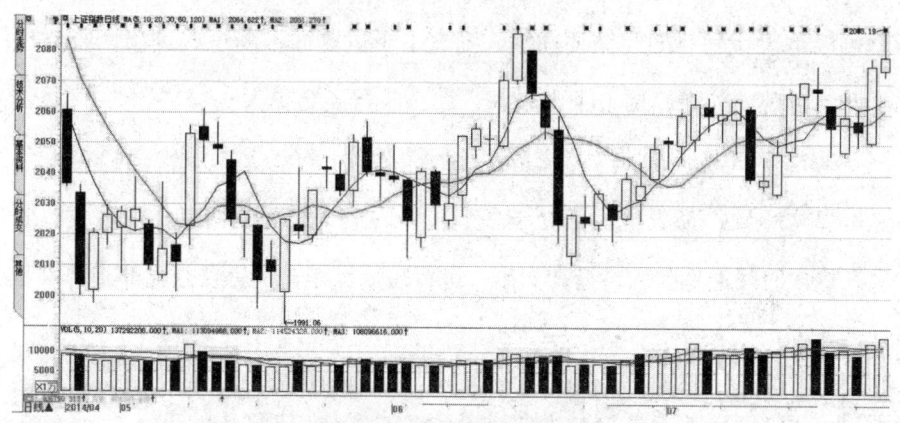

图2-3　2014年4月~7月上证指数日K线图

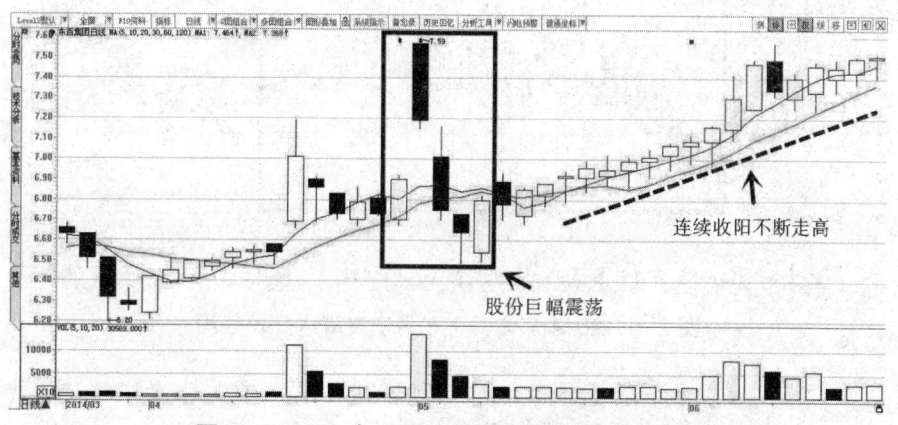

图2-4　2014年3月~7月东百集团日K线图

（二）走势与大盘相仿

猴市中的大盘，上下不断反复震荡是常态，这个时候的大盘仿佛运行在一个箱体内，上有顶、下有底，股价在这个顶与底之间不断震荡。震荡期间，新股民朋友也可以进行短线操作，而选择的对象就是那些与大盘走势相仿的股票。这类个股的典型运行态势就是股价在箱体内来回震荡，如果在箱体震荡的早期，能够预计到股价将会在箱体的顶与底之间进行震荡调整，那么在股价下跌到箱体的下限附近时买入，上涨到箱体上限时抛出就可以迅速获利。如此循环往复，随着上下震荡而不断短线进出，收益也会非常可观。如果箱体上下限较大，那么收益还会更大。

2014年3月~6月，宁波富达（股票代码：600724）股价走势与大盘走势基本一致，都表现出了处于一个箱体内上下震荡的特点。很多股民朋友在这段时间逢低吸入，逢高卖出，进行短线操作，最后收益也都非常可观（图2-5）。

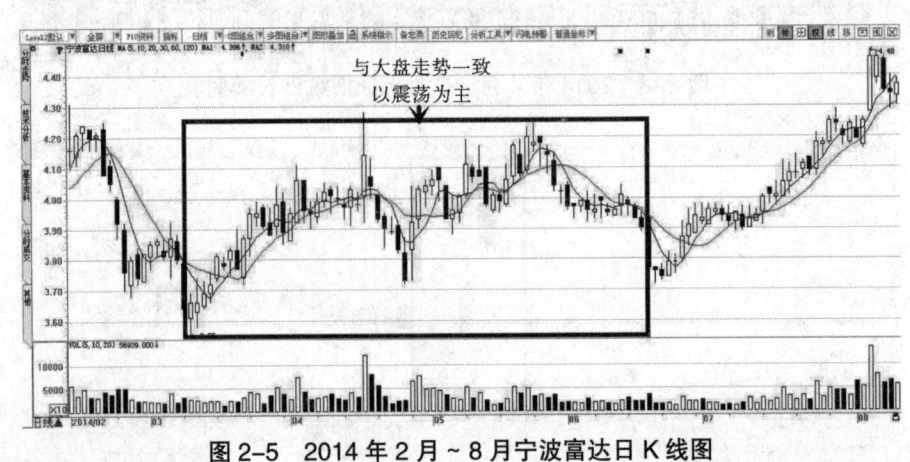

图2-5　2014年2月~8月宁波富达日K线图

猴市主要以上下反复震荡为主，所以新股民朋友在猴市操作时，要做好短线操作的准备。一定要审时度势，顺应市场整体的趋势和个股的趋势，不要过度地追涨杀跌，更不能盲目贪大求全，自食苦果。

三、熊市中如何选股

众所周知，在牛市赚钱非常容易，大部分股票都处于上涨的态势，从中选取一只赚钱的股票并不是一件多么考验选股技术和判断力的事情。但如果换到整个股市都下跌的熊市呢？不要说对于新股民，恐怕就算是老股民想要选对一只赚钱的股票都不是一件容易的事情。

在熊市中选股需要新股民朋友更多的技术、耐心，更强的操作技巧。当然，在股市中，没有不赚钱的市场，只有不会选股的人，即便身处熊市，也并非没有逆市赚钱的可能。

2012年，中国股市进入"熊年"，而其中尤以5月到11月的行情为甚，简直就是"熊年"中的"巨熊"。在短短几个月的时间，上证指数下跌幅度超过19%，一度从2452.01点下跌到1980.12点（图2-6）。更让广大股民朋友不淡定的是，这段时间，整个大盘在下跌过程中几乎没有较长的反弹行情。这种"巨熊"行情，简直让股民们操碎了心。在这种大环境下，对于很多股民朋友来说，最稳妥的做法就是设法将损失降到最低，因此就必须找到最抗跌的股票。如果能做到这一点，那么操作得当逆市赚钱也不是完全没有可能。

2012年5月30日，*ST霞客[1]（股票代码：002015）股价还维持在9.18元的位置，而后不断下跌。到了12月4日，股价跌至5.31，跌幅达到42.16%，超大盘跌幅（图2-7）。而世荣兆业（股票代码：002016）则在这段时间内逆势而动，从2012年6月5日到11月8日，短短5个月时间，股价从4.70元上涨至8.00元，涨幅达70.21%（图2-8）。

---

[1] 2019年江苏霞客环保色纺股份有限公司正式更名为协鑫能源科技股份有限公司，股票简称更名为协鑫能源。

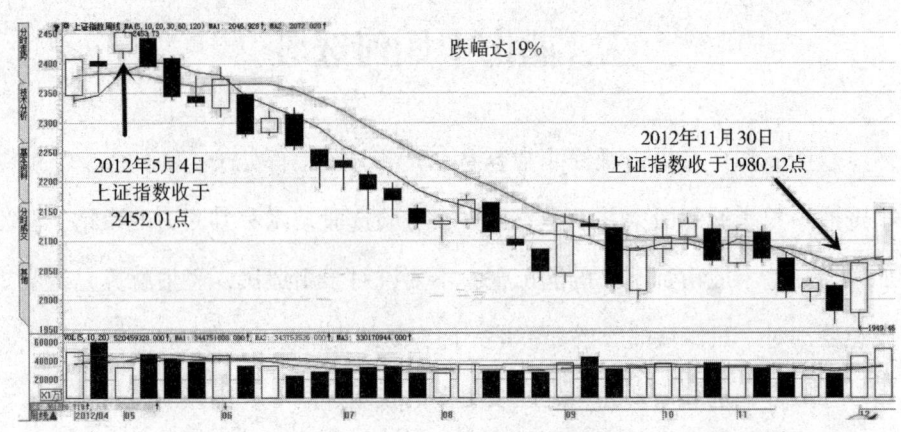

图 2-6　2012 年 5 月～11 月上证指数周 K 线图

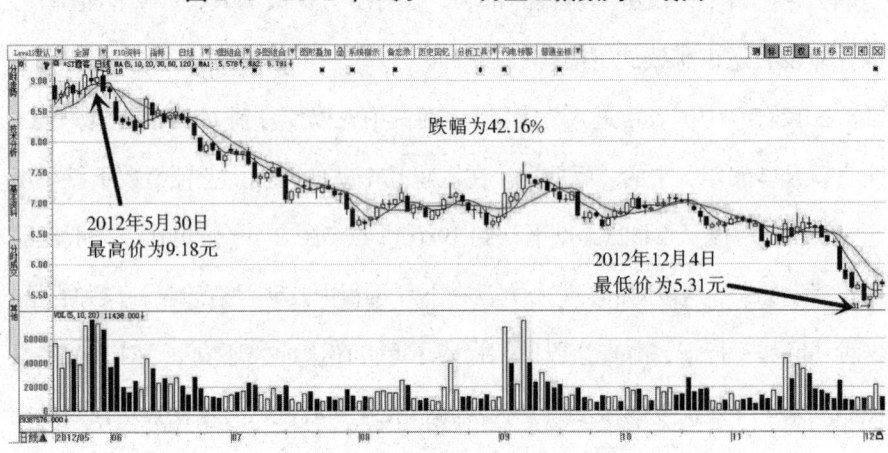

图 2-7　2012 年 5 月～12 月 *ST 霞客日 K 线图

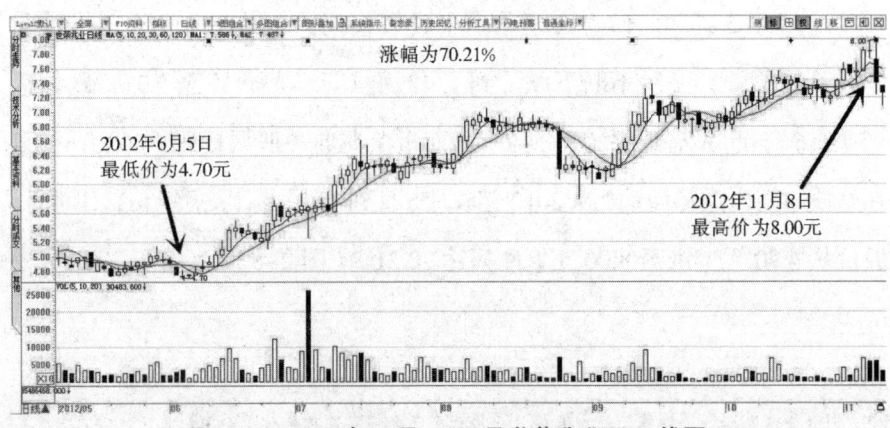

图 2-8　2012 年 5 月～11 月世荣兆业日 K 线图

从上述案例可以看出，如果在熊市能够选对股票，那么不但可以将损失降到最小，操作得当甚至可以逆市赚钱。当然，这个时候就非常考验新股民朋友的判断力和眼光了。对于新股民朋友来说，在熊市中应该选择什么样的股票才能增加在熊市中获利的概率呢？

（一）龙头股

牛市要选龙头股，熊市也要选龙头股。和龙头股在牛市时的领军号召作用不同，在熊市中，龙头股所起的最大作用往往是"垫底"——用自身足够的抗跌性去冲淡熊市带来的影响。其实这并不难理解，龙头股通常基本面良好，不管牛市还是熊市，价值都具有相对的恒定性，因此，抗跌能力较其他股票就要更好一些。

中国国贸（股票代码：600007）是中国规模最大的综合性高档商务服务企业之一，也是沪深两市中典型的龙头股之一。2012年5月至11月，在大盘大幅下跌的时候，中国国贸由于其具有非常良好的基本面支撑，其股价并没有跟随大盘产生大幅下跌的行情，反而是以震荡走势代替了下跌，其抗跌性可见一斑（图2-9）。

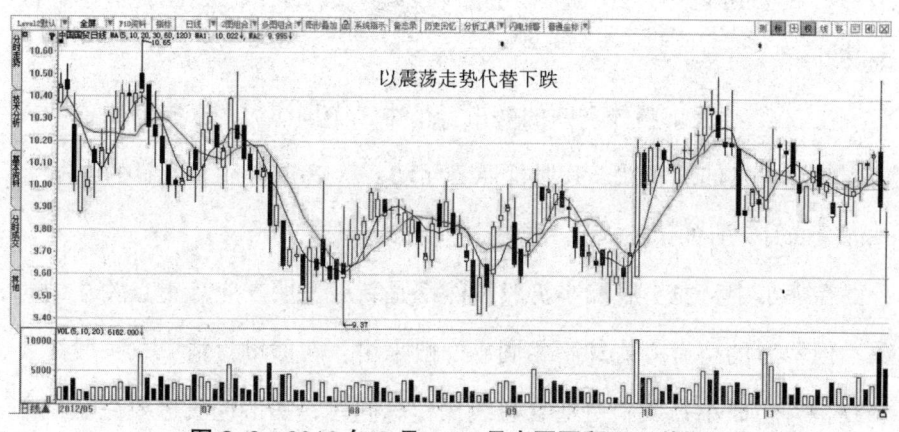

图2-9 2012年5月~11月中国国贸日K线图

（二）小盘股

盘点历年股市，可以发现，在任何熊市中，都存在逆势而动的小盘股，其中也不乏直封涨停板的个案存在。究其原因，不外乎以下三点：

（1）资金容量小。小盘股一般资金容量较小，对于庄家来说，不必花费太大的力气就能够拉动股价。

（2）具有投资价值。一些小盘股基本面、成长性都比较好，在熊市中往往超跌，但是其价值却丝毫不打折扣。

（3）容易炒作。相较于其他股票，小盘股更容易成为市场资金的关注焦点，更容易出现炒作题材。

在熊市中，在整个大盘都处于下跌态势的情况下，小盘股特别是那些基本面良好、成长性良好的小盘股，无疑更容易成为资本的关注焦点。稍有异动，也会立刻吸引游资的注意。而一旦有了资金的介入，股价逆势而动也就在情理之中了。

中国海诚（股票代码：002116）隶属国务院国资委，是我国最大的提供有关咨询、设计、监理、施工等工程总承包服务的综合性股份制工程科技公司之一。2012年5月，其股本仅为1.9亿股，属于小盘股范畴。

在2012年股市整体下跌的熊市行情中，中国海诚由于具有一定的市场人气和优良的成长性，其股价逆势而动，从2012年1月6日的5.24元上涨至9月7日的10.36元，涨幅达97.71%（图2-10）。

在熊市中，龙头股和小盘股虽然都是新股民朋友应该重点关注的对象，但两者的持有方式却不相同。一般来讲，在熊市行情中龙头股需要长线持有，而小盘股则更适合短线操作。同时，熊市选股也要注意"牛市重势，熊市重质"的选股原则，做好基本面分析，找到真正具有投资价值的股票。

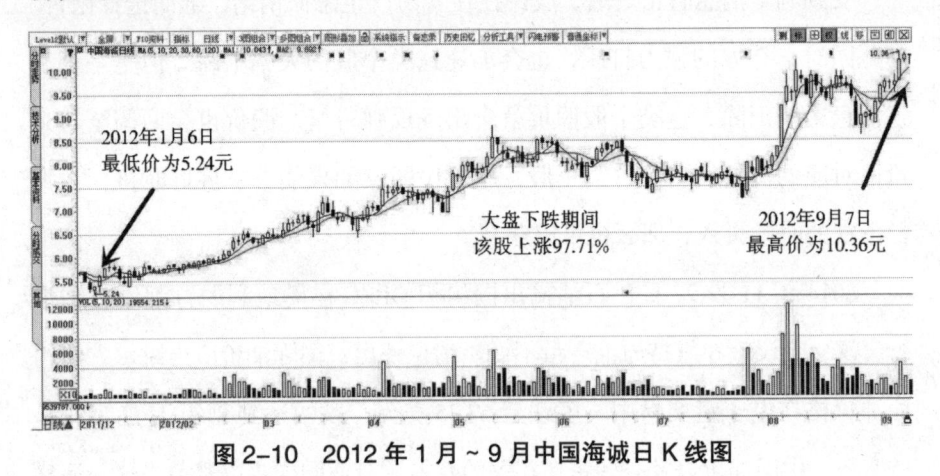

图 2-10　2012 年 1 月～9 月中国海诚日 K 线图

四、反弹行情中如何选股

在股市中，大盘出现反弹是再正常不过的事情。特别是在大幅下跌的时候，股价经常会出现反弹。实战经验丰富的股民都知道，一旦出现反弹行情，那么也就等于出现了盈利的可能。这个时候如果操作得当，往往就能够从一波中级反弹行情中获得可观的收益。当然，反弹行情中选股也是非常考验新股民朋友的判断力和技术能力的，一旦出现失误，把握不了反弹的幅度和进出场时机，就容易陷入"反弹陷阱"中。

对于新股民朋友来说，要想在反弹行情中获利，就必须选择一个具有合适反弹幅度的股票并正确进行操作。那么，哪些股票适合在反弹行情中入手呢？

（一）受利空消息打击而大幅下跌

受到利空消息打击之后，股民往往容易产生恐慌情绪，继而选择抛售。与此同时，空方的强力打压，也会加速这类个股的大幅下跌。但是一旦利空消息影响消除，这类个股股价就会出现反弹行情，股价也会回调至与其价值对应的位置。对于这类个股，新股民朋友如果能够掌握好时机，在大幅下跌的时候买入，那么也可以获利。

2014年11月27日，石油输出国组织OPEC在奥地利的首都维也纳举行会议，会议宣布维持原油产量不变。消息一出，国际油价应声跳水，纽约原油价格在电子盘交易中一度跌至67.75美元，跌幅达到8%，呈崩盘式暴跌态势。中国油价以及与此密切相关的新能源行业同样难以避免受这一消息的影响。

保变电气（股票代码：600550）是一家专门以生产变压器、太阳能光伏发电、风力发电设备以及其他输变电产业的上市公司。由于受到油价下跌这一利空消息的打击，该股在2014年11月28日收阴线，随后股价大幅下跌。而后，在利空消息的影响消除后，保变电气止跌反弹，股价持续走高（图2-11）。

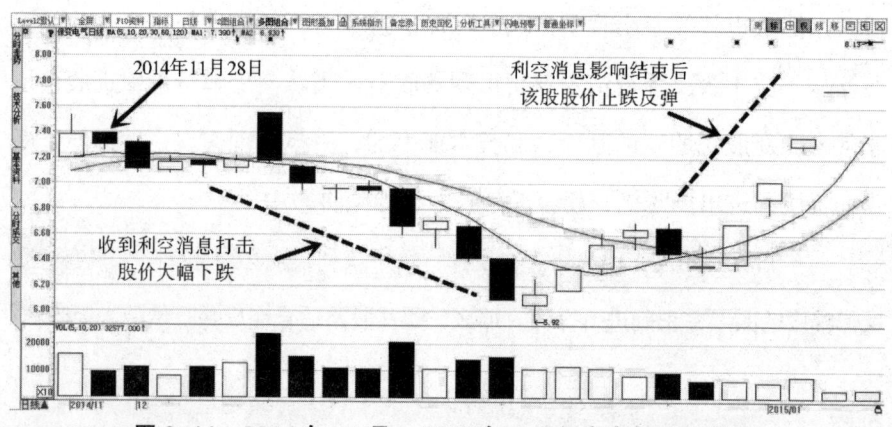

图2-11　2014年11月~2015年1月保变电气日K线图

（二）无量下跌

无量，即成交量小。因为成交量小，因此可以认为抛盘的压力小。若庄家刻意打压，或者大盘过度低迷，股价持续下跌，且无量，这个时候一旦股价企稳，出现反弹，该股就是不错的选择。

2014年6月至8月，九龙山（股票代码：600555）在经过一段下跌行情后，成交量呈现出萎缩态势，随后又出现放量上涨，庄家介入迹象比较明显。这种情况下，如果在2014年6月20日股价下跌时，股民能以2.87元的价格顺跌介入，并在7月2日以3.45元的价格乘势卖出，那么就能有高达20.20%的收益（图2-12）。

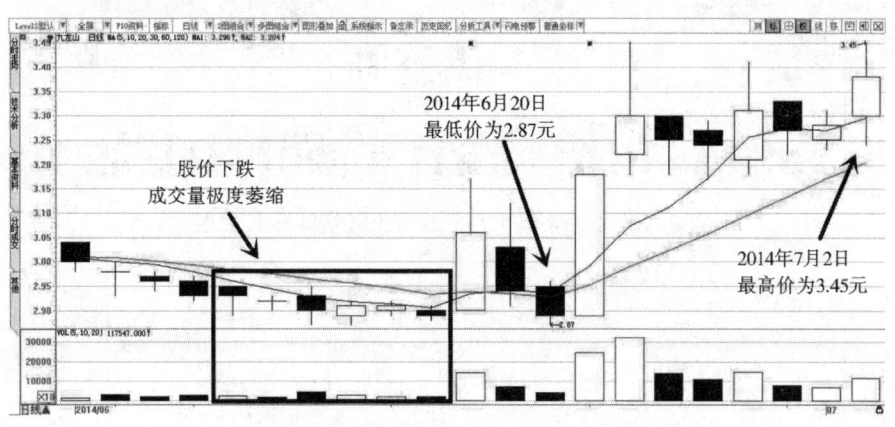

图2-12 2014年6月~8月九龙山日K线图

（三）领先大盘反弹

对于新股民朋友来说，在反弹行情中还有一个比较好的选择，那就是选择那些领先大盘反弹的个股。此类个股如果操作得当，那么不管涨跌情况如何，由于已经有了反弹行情赢利的保证，进出场都会从容很多。当然，选择这类股票时，介入时机是非常关键的一个因素，一般来说，最好的选择莫过于在大势下跌时选好股票，在大势企稳的时候介入。这样当大势开始回暖，新股民朋友就能够吃到一波上涨行情了。

以 2014 年 1~5 月上证指数为参考时间段，在这段时间内，上证指数出现了比较大的波动。当上证指数处于下跌趋势末段，进入反弹阶段的时候，华电国际（股票代码：600027）先于大盘一步在 2014 年 3 月进入反弹行情。而当大盘持续反弹的时候，华电国际的股价已经进入另一波上涨趋势中（图 2-13，图 2-14）。

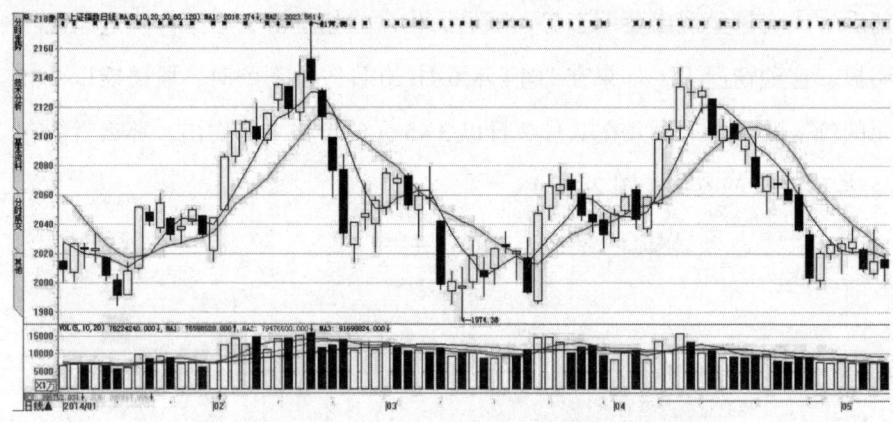

图 2-13 2014 年 1 月～5 月上证指数日 K 线图

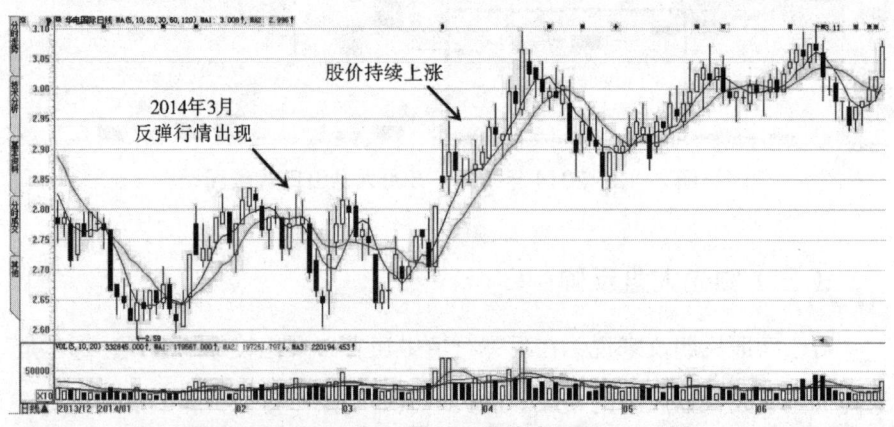

图 2-14 2014 年 1 月～6 月华电国际日 K 线图

反弹行情有其特殊性，新股民朋友要明确一点，那就是并非所有的反弹行情都适合选股介入。如果反弹幅度极小，那么与其介入承担风险，不如敬而远之，再候佳机。

第三章 ◉ 透过题材选牛股

选股时题材至关重要。对于股民来讲，题材不仅关系着市场意愿、资金运作方向，同时也关系着个股的潜力、上升空间与时间跨度。如今，各种股市题材层出不穷，在给股市注入了新鲜血液的同时，也加大了新股民选股的难度。但无论情况如何变化，有一点始终不变，那就是新股民必须找到那些具有耐久度的题材股，如此才能擒住大牛股。

一、垄断题材

在股市中，有一类上市公司因其所处行业、领域的特殊性，常常能够垄断某个或者某部分行业或者领域，这样的企业就是垄断企业，它们的股票具有我们所说的垄断题材。从企业性质来看，垄断企业发展空间常常更为巨大，市场话语权更强，同时也正是因其垄断性质，其股票的炒作空间也非常大，甚至都成了资源稀缺领域的名牌股——股价高、走势强，对新股民来说，都是可以重点关注的黑马。

垄断企业向来是选股高手选股时的重点关注对象，著名投资大师沃伦·巴菲特就对垄断题材股票情有独钟，在谈到自己的炒股成功经验时，他表示自己一直都在追求消费垄断企业。再看一看巴菲特所持有或者曾经入手的股票，我们就会发现，其中很多股票背后所属企业都是像可口可乐公司、美国运通信用卡公司这样的具有垄断性质的企业。

在中国，处于邮政、航空、煤气、电力、供水、电信等行业的企业垄断性质都非常强，所以这些企业的垄断题材也就更为丰富。具有垄断题材的企业往往有更大的想象空间，因此能创造出更多的投资机会。原因何在？答案很简单，随着行业垄断而来的必然是资源的垄断、利润的垄断。如果一家企业能够独霸整个市场或者垄断一个地方所有的生意，那么无疑就具有更多的话语权和市场掌控能力，同时也自然就会有巨大的获利能力。

其实，研究一下沪、深两市中牛股背后的上市公司，我们就会发现，这些公司虽然业务范围不尽相同，但都具有一些共性，比如公司主营业务突出，资金集中投资于专门的市场、专门的产品或者特别的服务和技术，而这种产品和技术其他公司往往很难涉入其中，基本都被这些公司垄断。垄断无疑意味着巨大的市场空间和炒作空间，因此这类公司的股票往往都是市场大笔资金注意和注入的优先选择对象，在此作用之下，股价也能快速上涨。

中国石油（股票代码：601857）就是一家非常典型的具有垄断能力的大型企业，由于市场竞争较少，其发展和炒作的空间也就不可估量。这种优秀的"基因"注定了该股会在股市中有不俗的表现。从图3-1中可以看到，2014年10月31日该股最低价格仅为7.52元，而到了2015年4月30日，该股最高价已经达到了15.36元，其间涨幅达到了104.26%。

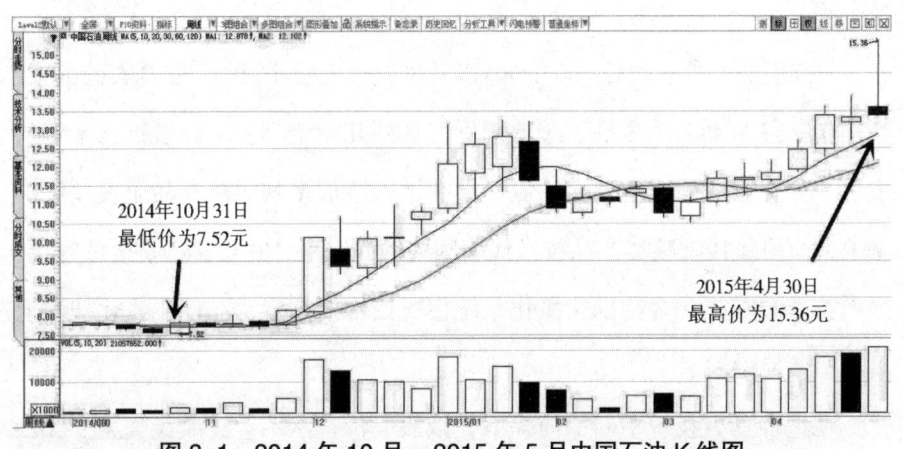

图3-1　2014年10月~2015年5月中国石油K线图

在选择投资对象时，很多新股民朋友往往更关注企业短时间内的业绩考量。但这其实存在一定的风险。有些企业，会根据市场热点把资金、资源投入不同领域的产品研发和生产中，什么赚钱投什么、什么来钱快干什么。这样的公司往往短期盈利能力可观，但长远来看，却无法形成自己的独有优势，在竞争力上，相较那些具有垄断题材的企业也要差很多。甚至时间长了，还会因为盲目多元化而失去各个阵地。因此，这样企业的股票，就很难成为真正的牛股。

在中国的企业中，技术垄断和资源垄断是两种最主要的垄断模式。对于新股民朋友来讲，无论是哪种垄断模式，其股票的走势往往都会非常强势。因此，在选择时也不妨多关注一下。

（一）技术垄断型

技术垄断常常存在于一些科技类的上市公司中。这些企业，一旦技术达到垄断程度，其主打市场产品价格自然不菲，并且也更容易吸引资金的注入。因此公司常常能在短期内快速获利，其股票也极有可能在短期内迅速上涨。

利尔化学（股票代码：002258）以发展氯代吡啶类高效、安全农药为主，产品包括除草剂、杀虫剂、杀菌剂三大系列几十个品种。经过近二十年的发展，公司已成为国内最大的氯代吡啶类除草剂系列农药产品研发及生产基地，公司氯代吡啶类产品技术代表国内领先水平，并且它还是全球第二、国内首家吡啶类化合物催化氯化系统集成技术拥有者，在催化氯化技术上具有垄断地位。

在这种具有技术垄断的前提下，该股股价自然不会让股民失望。2012年12月14日该股最低价仅为8.42元，虽然在上涨的过程中出现了多次震荡，但是其整体上涨趋势却没有发生改变。截至2015年5月15日，该股最高价已经上涨至24.93元的高位（图3-2）。

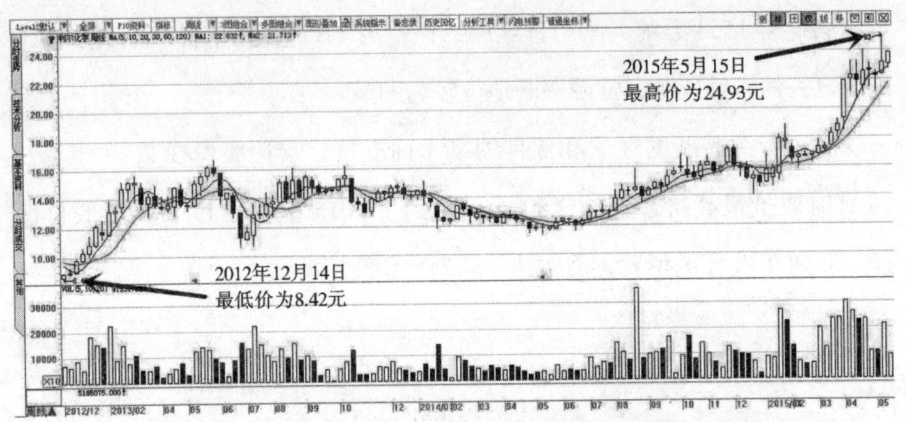

图3-2　2012年12月~2015年5月利尔化学周K线图

当然，在选择这种技术垄断题材的股票时，新股民朋友也要注意一点。那就是任何一个行业从一项新技术的诞生到普及或者被其他企业打破这种垄断优势，都有一个垄断期，也就是暴利期。过了这个时期，等到技术堡垒被打破后，垄断优势不再，利润自然就会大幅降低。因此，借助技术垄断题材进行的炒作，往往都是短线投机。

（二）资源垄断型

除了技术垄断之外，还有一种垄断非常典型，那就是资源垄断。具体表现就是某些企业在诸如电力、煤炭等特殊能源领域一家独大，甚至直接形成垄断，其他企业根本无法进入。当然也正是因为缺少竞争对手，所以市场足够大，面临的风险小，且通常有政策支持，产品在市场上也具有一定的垄断性和不可替代性，因此市值较为稳定。此外，这样的企业因其性质特殊，常常还会受到境外投资机构和资本的关注，效益自然有所保障。反映在股市上就是股价常常能够长期稳定地上涨。

宏达股份（股票代码：600331）是一家锌资源储备丰富的公司。其公司名下拥有的兰坪铅锌矿是亚洲最大、全球第四大铅锌矿，已探明的铅锌金属储量有1553万吨，其中锌金属的储量为1100万吨左右，控制着中国三分之一的铅锌资源，资源垄断地位较为明显。

由于资源垄断的性质和优良的基本面支持，宏达股份在2014年3月14日时股价最高价还仅为3.80元，而到了2015年4月17日，其股价已经上涨到9.30元的位置，涨幅达144.74%（图3-3）。

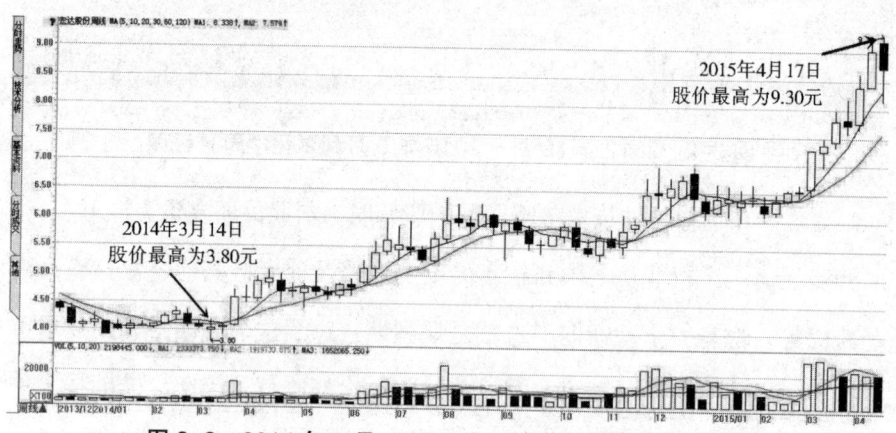

图3-3 2014年2月~2015年4月宏达股份周K线图

垄断常常意味着拥有更多的资源、更多的市场话语权、更大的利润、更多的市值。因此垄断题材股票也常常是庄家关注的焦点。对于新股民朋友来说，在关注此类题材股票的同时还要注意，同样具有垄断性质，但对股票的影响却不尽相同。如果是技术垄断，那么就比较适合采取中短线操作，如果是资源垄断，那么也不妨考虑一下长线持有。

二、行业政策题材

无论何时，国家或者行业政策对股市的影响都是显而易见的。因此，行业政策题材也就成了中国股市众多题材中备受关注的一种题材。

所谓的行业政策题材股，是指那些会受到国家政策影响的股票。出于促进经济建设以及国民生计的考虑，中央或者地方政府每年都会给予某些行业如新能源、交通、通信等，以特别的优惠或者扶持政策，以便能够扶持该行业的发展。

在优惠政策的作用下，属于这些行业的企业自然有了更多的政策支持和发展可能，相应的股票价值也就有了更多的想象空间和上升空间。

总体来讲，行业政策题材虽然影响效果比较大，但其影响范围却极为有限，通常只会影响政策所覆盖、所涉及的行业。举个例子，如果政府在汽车行业有了新政策，那么与汽车有关的股票就极有可能会出现相应的波动；如果政府在新能源行业有了新政策，那么，与新能源有关的公司股票价格就可能会受到政策变化的影响。

（一）行业利多

在股市中，资金流向往往与行业政策密切相关，这并不难理解。对于投资机构来讲，国家政策往往就是决定其投资方向的一个重要风向标。一旦发现国家政策扶持什么、鼓励什么，拥有雄厚资本的投资机构就会迅速布局、进入，甚至直接投进巨额资本。对于股市来讲，继巨额资本注入而来的，常常就是股价的大幅上涨，甚至翻番上涨。

2015年全国两会期间，传出要鼓励居民自住和改善性住房需求，同时加大在改造棚户区、城市和农村危房方面力度的政策，为市场注入新的信心。同时，降息、降准对信贷环境的刺激作用也逐步显现，2月社会融资规模以及人民币贷款增量均超出预期，对房地产销售产生积极利好。

在政策的扶持下，地产指数也从低迷走向积极，在2014年上半年，由于受到政策的打压，地产指数曾一度下跌至2962.00点。而当政策转向，从打压转变为扶持时，地产指数又重新复苏，一度上涨至 7776.92 点，涨幅达 162.56%（图 3-4）。

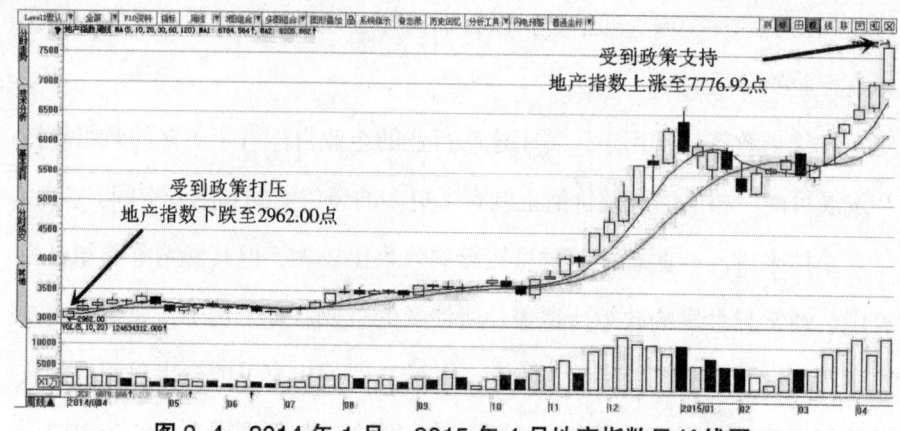

图 3-4　2014 年 1 月～2015 年 4 月地产指数日 K 线图

对于新股民来讲，喜闻乐见的无疑就是股价的上涨。因此，在这种大的行业政策变化的趋势下，瞄准政策走向、行业变化，无疑也就享受了行业政策、红利、搭上了巨额投资资本投资的顺风车，相应股票价格将进入快车道，股市掘金不是梦。

（二）行业利空

行业利空，就是国家或者政府针对某一行业出台的行业抑制政策所产生的负面影响。一般来说，行业利空的出现，会导致市场资金的撤出，从而架空该行业板块内的个股，进而导致个股股价下跌。

2014 年 2 月 18 日下午，国务院新闻办举行新闻发布会，会上传出声音，化解过剩产能是一项十分艰巨的任务，在 2017 年以前，国家对钢铁、水泥、电解铝、平板玻璃、造船五大行业不再新增任何产能。西宁特钢（股票代码：600117）虽然在钢铁行业中属于龙头企业，其股价依旧不能避免这项政策颁布所带来的负面影响（图 3-5）。

图 3-5　2014 年 2 月～2014 年 6 月西宁特钢日 K 线图

题材选股时，国家或者行业政策的影响不容小觑。正常来讲，国家或者行业的政策走向不仅决定了一个行业未来的发展方向和发展空间，同时也决定了行业内企业股票价格的发展方向和发展空间。因此，新股民在选择股票时，要想选对大牛股，就要找准国家政策支持以及资本迅速进入的行业、产业，这样择一或者择几而持，擒住大牛股的概率就会高很多。

三、区域题材

所谓区域题材，是指由于经济发展水平不同，或者地方政府部门的态度不同，或者是在市场庄家机构的刻意营造下，我们会把物理范围按照不同区域进行区分，并将处于同一区域内的上市公司进行归总，形成如新疆板块、陕西板块、东南沿海板块等。不同的区域板块，经济发展状况不同、地方政策不同，这些都会对其中某些股价的走向和上升潜力有所影响，使得同板块表现出很强的联动性，这也是区域题材形成的根本原因。

相较于行业题材，其波及面以及所带来的投资机会要大得多。纵观近几年的股票市场，我们可以发现几乎每次大幅反弹行情的背后都有区域经济发展变化的影子。因此，区域板块题材越来越受到了股民的重视。

未来，有关区域板块题材，经济学家也早有判断。在他们看来，区域概念股仍有较大潜力，能够为上市公司带来更多的发展机会，这其中也不乏各种翘楚凭借着区域经济的不断发展而鱼跃龙门的可能。与此同时，区域企业的发展，必将给相应股票带来更加富有想象力的空间。

新股民朋友们在选股过程中，如果能够对区域经济发展有准确的认识、判断和预测，把握好区域题材，那么仍有可能借助区域经济腾飞的翅膀，实现自己的股市搏杀梦想。

当然，当前经济环境复杂多变，区域经济发展前景受很多因素影响并不明朗，但基于对股市历史数据、经济运行环境以及近年国家政策走向的分析，我们仍然能总结出几个比较"有戏"的区域板块题材，为新股民朋友的选股提供参考和借鉴。

（一）"一带一路"

"一带一路"是"丝绸之路经济带"和"21世纪海上丝绸之路"的简称。

不管是海南、深圳还是厦门板块，都是已经炒了又炒的区域题材了，现如今其对市场资金的吸引力也没有之前的大了，敏感的机构也不再满足于这些被"爆炒"过的板块。因此，不少股民和机构都将目光逐渐锁定中西部地区，希望可以借助"一带一路"的热力，在股市中获得更多的回报。

事实上，打开世界地图可以发现，"一带一路"几乎是世界上跨度最长的经济大走廊。其沿线涵盖了中亚、西亚、中东、东南亚、南亚、北非、东非等超过40个国家和地区，并辐射东亚以及西欧。倘若再细分，陆上丝绸之路经济带可以划分为中亚、环中亚、欧亚大陆三个层次；海上丝绸之路可以划分为东南亚航线、南亚及波斯湾航线、红海湾及印度洋西岸航线等三段。

"一带一路"开始只是一个区域经济战略，但已经逐步发展成为全球化的战略。这是一个整体构想，是我国未来十年甚至更长时间的整体战略。从大范围上讲，其涉及的已经不只是经济带了，而是形成了两个经济圈——亚太经济圈和欧洲经济圈。

对于"一带一路"的沿线国家而言，无论是从国内需求或是未来区域经济合作的角度来看，这些国家对于基础设施建设的需求极其旺盛。而我国随着固定资产投资的下降，建筑业产能过剩的问题日趋严重，"基建输出"能够大幅缓解我国建筑业的产能过剩问题。因此，在"一带一路"的战略大背景下，未来我国建筑企业"走出去"的步伐将大幅加快。

西部建设（股票代码：002302）是一家主营预拌混凝土的上市公司。混凝土是基本建筑材料，广泛运用于各种建筑物和构筑物，在加强"基建输出"的大环境下，其公司股票价格也走出了一个十分乐观的走势。2013年7月12日~2015年4月20日，其股价从8.41元一路上涨至29.35元，涨幅达249%（图3-6）。

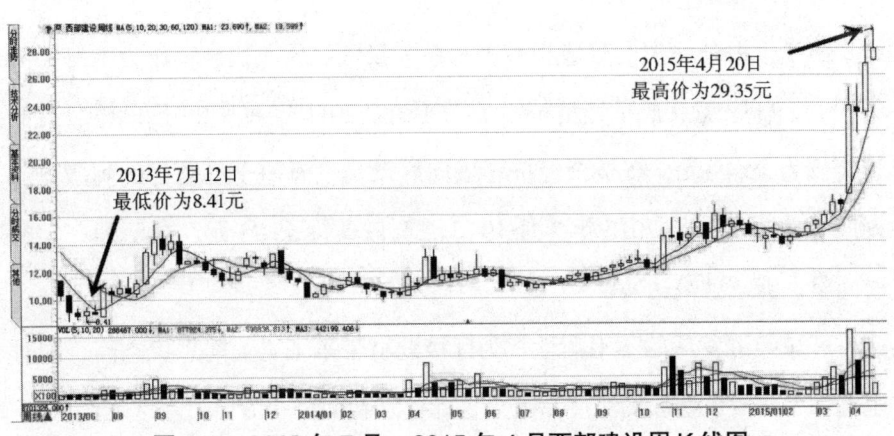

图3-6　2013年7月~2015年4月西部建设周K线图

（二）上海迪士尼

上海迪士尼乐园，又称上海迪士尼魔法王国主题乐园，位于上海市浦东新区川沙新镇，是上海国际旅游度假区内的标志性景区，是中国大陆第一个，世界第六个迪士尼主题乐园。公开资料显示，上海迪士尼总体项目将包括一座主题乐园、两家酒店、一家零售和餐饮综合体以及一个湖泊。上海迪士尼是继上海世博会之后的又一重大建设项目，项目直接投资额约245亿元，间接拉动的投资规模或为千亿级。

一旦上海迪士尼乐园建成，可为当地创造5万个就业机会。2009年11月4日，上海迪士尼项目报告已获国家部门核准。这一消息的宣布有着明显的用意。因为当天迪士尼备受瞩目的浦东新区川沙新市镇A08-03号土地进行现场竞拍。迪士尼"落沪"的官方消息无疑为这块地的升值增加了至为关键的筹码。

陆家嘴（股票代码：600663）所拥有的区域是中国第一大城市上海的重要金融中心，位于浦东新区的黄浦江畔，隔江面对外滩。作为国家级金融贸易区，是中国改革开放的象征。陆家嘴是众多跨国银行的大中华区及东亚总部所在地。

由于上海迪士尼的建成会带来一系列投资、就业机会，作为上海经济的代表，陆家嘴就成了经济前沿的领军者。2014年8月29日，该股最低价格仅为10.49元，在整个经济环境向好以及上海迪士尼题材的刺激下，该股一路上涨，于2015年5月19日涨至最高价55.28元，在不到一年的时间里，涨幅就高达427%（图3-7）。

区域经济发展的不平衡性，为区域题材带来了更大的想象空间，同时也增加了新股民选股的难度系数。这就要求新股民一方面关注区域经济变

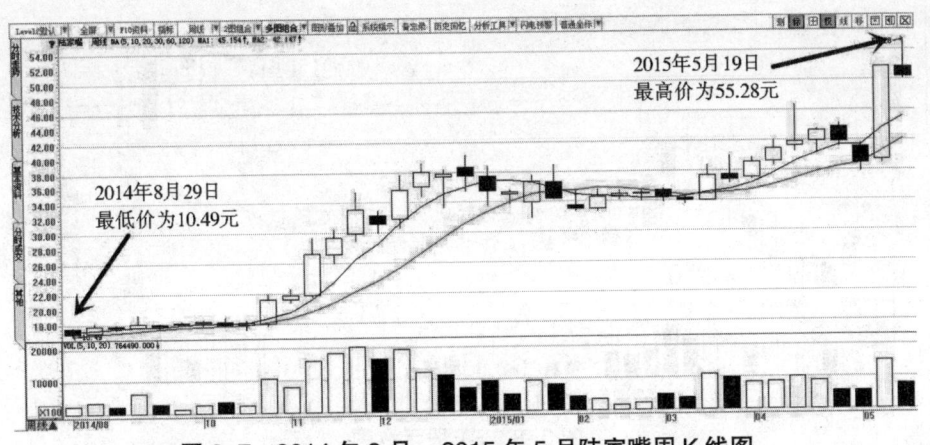

图 3-7　2014 年 8 月～2015 年 5 月陆家嘴周 K 线图

化，一方面关注政策走向，然后根据区域经济发展的现状和对其未来的预测，作出自己的选股决断。

四、ST题材

在正常的股市价值投资理念中，我们都倾向于投资那些基本面良好的上市公司，而对那些经营能力和业绩不佳的企业不屑一顾。但实际上，在股市中，前一种公司的股价运行起来未必顺风顺水，后一种公司的股价也未必就是"烂泥扶不上墙"。

ST（Special treatment）意即"特别处理"。1998 年 4 月 22 日，沪深交易所宣布，将对财务状况或其他状况出现异常的上市公司股票交易进行特别处理，中国正式开始实行 ST 制度。由于是"特别处理"，所以，在该股票前面会加上"ST"字样（图 3-8）。其中，如果存在终止上市的风险，为了警示股民，还会在前面加"*"号（图 3-9）。

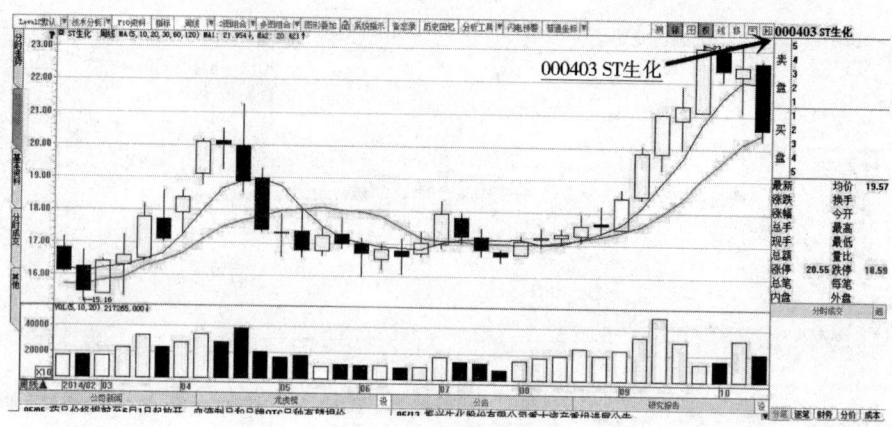

图 3-8　ST 股示意图

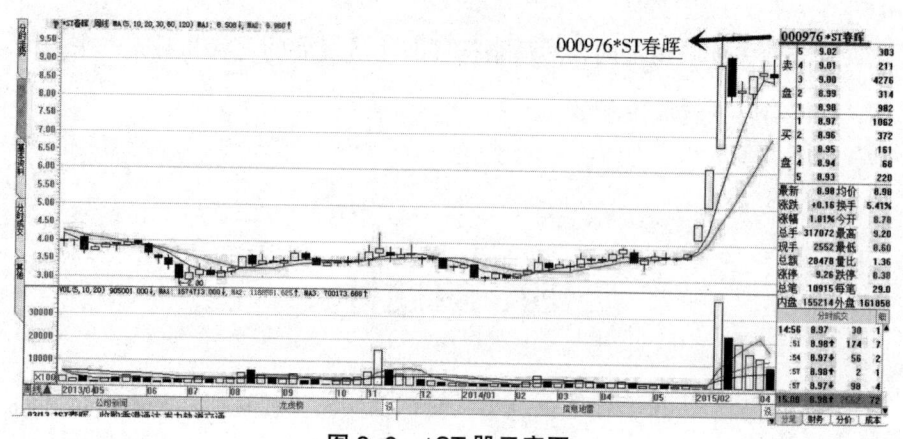

图 3-9　*ST 股示意图

自实行 ST 制度以来，其规模和成员都在不断增加，因此 ST 板块也就逐渐成为市场中不能忽视的一类特殊群体。和其他股票相比，ST 股票报价的日涨跌幅设定为 5%，而普通股票日涨跌幅限制为 10%，但 ST 股票在恢复上市的首日不设涨跌幅报价限制。

（一）ST 股神话

提到 ST 股，我们的第一反应常常就是风险、警示，但是如果对股市有了解，那么就会发现，ST 股中也不乏乌鸦变凤凰的神话。

*ST 春晖[1]（股票代码：000976）虽然是一直 ST 股票，但是它在 2014 年 4 月到 2015 年 3 月这段时间里，却走出了一种牛势。2014 年 4 月 29 日，该股最低价仅为 3.33 元，经过一段时间的底部横向盘整后，该股开始疯狂暴涨，连续拉出了 7 个一字涨停，截至 2015 年 3 月 6 日，该股最高价已经达到了 9.77 元，涨幅高达 193.40%（图 3-10）。

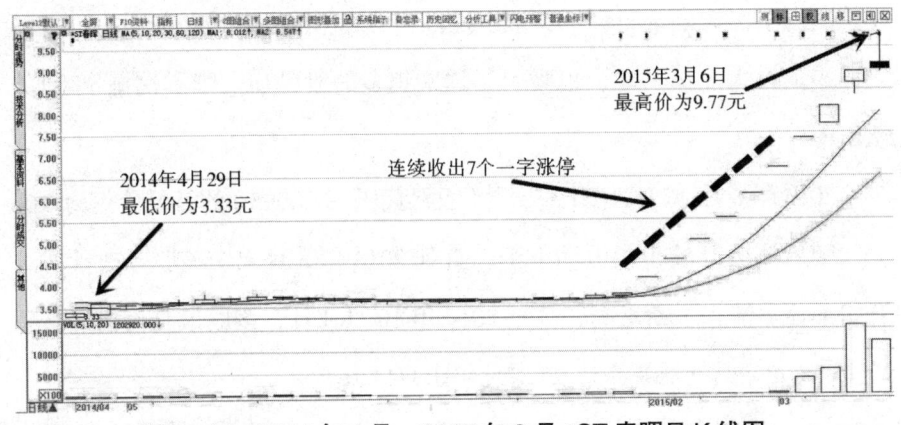

图 3-10　2014 年 4 月~2015 年 3 月 *ST 春晖日 K 线图

ST 股之所以能够演绎这种创富神话，主要就是得益于 ST 股的以下几个特征：

（1）ST 股具有朦胧的特性。题材永远是股市炒作的重点，相较于其他股票，ST 股最大的优势就是具有朦胧的资产重组题材。不管真实性如何、变成现实的可能性有多大，朦胧的资产重组题材都增加了其后市的想象空间，在市场的反复炒作下，ST 股自然就有了演绎神话的可能。

（2）退市案例少。虽然一提到 ST 股，我们就会想到风险、业绩差、基本面差、特别处理，但是从整体的数据来看，从 ST 制度诞生的 1998 年到现在，ST 股中最终真正退市收场的案例寥寥无几。数据最具有说服性，

---

[1] ST 春晖于 2016 年 2 月变更为春晖股份，2017 年 10 月春晖股份更名为华铁股份。

数据也打消了股民的恐惧心理。

（3）增量资金注入。前面说过，如今 ST 股所代表的公司涉及的行业也越来越多，规模和阵容都在不断扩大，市场关注度也随之水涨船高，其中自然不乏资本和投资者的关注，因此市场中的资金注入量也越来越多。

在以上三个因素的作用下，很多 ST 股在经过戏剧性的重组后，从丑小鸭变成了白天鹅。而对于股市来说，这种戏剧性的"咸鱼翻身"以及随之而来的巨大上涨可能，也吸引了越来越多的股民加入到了挖掘 ST 股的队伍中。

2014 年 6 月 26 日，*ST 皇台❶（股票代码：000995）的最低价仅为 7.90 元，随后该股开始小幅波动上涨，直到 2014 年 8 月末，该股一改前态，开始加速上涨，不断走高，截至 2014 年 10 月 8 日，该股最高价已经达到了 15.75 元，其间涨幅高达 99.37%（图 3-11）。

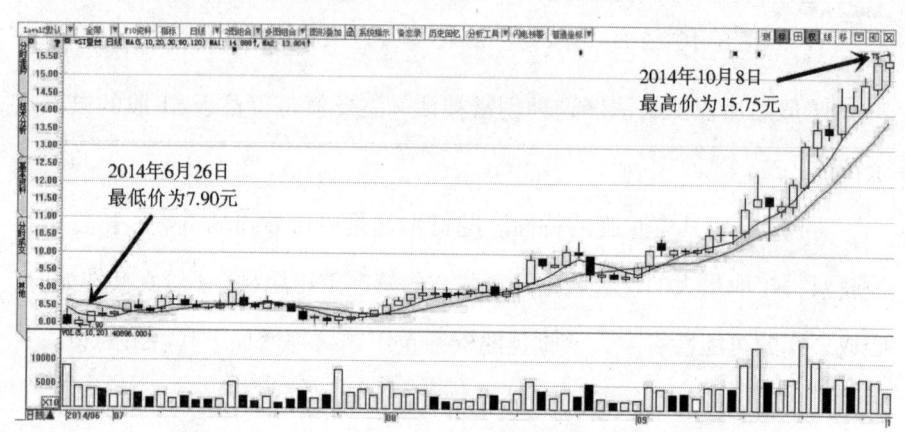

图 3-11　2014 年 6 月～10 月 *ST 皇台日 K 线图

---

❶ *ST 皇台于 2020 年 12 月 16 日起摘帽恢复交易，证券简称变更为皇台酒业。

（二）ST股选择技巧

ST股的不确定性以及想象空间吸引了众多股民参与其中，但是新股民朋友在选择ST股时，仍要考虑其本身所特有的风险性，慎重选择。一般来说，选择ST股还需要遵循以下两个原则：

（1）有投机价值。在股市中，一些ST股虽然本身重组的潜力不是非常大，但是这并不妨碍庄家在此之上进行发挥，甚至他们常常会被当作炒作的目标。对于新股民朋友来说，这其实就不失为一个投机的机会。但是在选择这类ST股时，对于成交量、增量资金、移动成本分布情况的变化等一定都要注意到，同时也要结合技术分析进行综合研判。

2014年6月至7月期间，*ST新都（股票代码：000033）在股价小幅上涨的同时，出现间歇性放量的现象，这是一种比较明显的庄家介入迹象，说明庄家正在底部"大吃大喝"，不断吸收筹码。当该股庄家吸足筹码，借助大盘良好走势，大幅拉升股价，使该股形成连收15个一字涨停的现象。2014年6月18日，该股最低价为4.21元，而到了2015年4月29日，该股最高价已经上涨至10.88元，其间涨幅达158.43%（图3-12）。

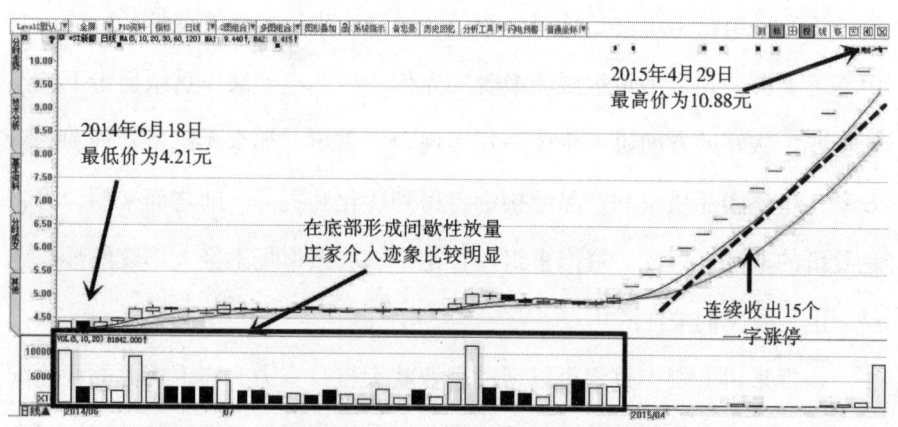

图3-12　2014年6月～2015年4月 *ST新都K线图

（2）有实质性重组题材。ST股一旦能够进行资产重组，那么股价也就有了更多上涨的可能和空间。这样的 ST 股就是有实质性重组题材的 ST 股。那如何判断一只 ST 股是否具有较大的重组可能呢？首要的一点就是要关注其公司的股本结构和股本大小。通常来讲，总股本越小，重组就越容易，重组成功的概率也就越大。

风险越大，收益越大，这是价值投资的一条基本规律。从整体上讲，风险性是 ST 股最基本的特征，但这同时也决定了一旦投机成功，收益也是巨大的。

面对 ST 股，新股民朋友一定要慎重，既要认识到其可能带来的巨大收益，也要认识到其本身所固有的巨大风险，然后仔细观察成交量、增量资金、移动成本分布等，作出理性的选择。

五、资产重组题材

资产重组是指对企业资产进行重新组合、调整和配置的过程。毫无疑问，资产重组将不可避免地对企业经营活动产生活良性或恶性的影响。其中不乏上市公司借由重组脱胎换骨的先例，当然也不缺少重组后走下坡路的企业。从好的方面讲，企业一旦实现资产重组，那么无论是管理和经营效率，还是产品质量和产品结构都将得到优化和提高。随之而来的，必将是股价的上涨。因此，资产重组一直是中国股票市场上经久不衰的炒作题材，也是股民们关注的焦点。

通常来讲，资产重组可以帮助企业壮大自身实力，实现资源的优化配置，迅速实现生产集中化和经营规模化，最终提高经济运行的效率。对于新股民选股来讲，这些都将具有一定的借鉴和引导作用。但同时，新股民

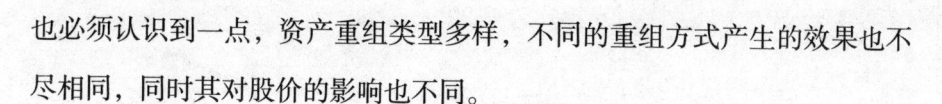

也必须认识到一点，资产重组类型多样，不同的重组方式产生的效果也不尽相同，同时其对股价的影响也不同。

通常情况下，资产重组题材可以归类为三种：资产置换型、股权转让型和收购兼并型。

（一）资产置换型

资产置换型重组比较简单，就是企业把内部的劣质资产置换出去，把外部的优质资产置换回来。资产置换是一种比较常见的重组方式，常常发生在那些业绩不好，但是又不想放弃控股权的企业，借此提高业绩，达到规定的增资配股条件。

此外，鉴于这种资产重组方式带来的好处，虽然参与重组的企业质量参差不齐，但规模却都比较大，其中也不乏一些背靠大规模母公司的企业。因此，这类企业为达到优化自身资产结构，提升业绩的目的，常常都会通过资产剥离和资产置换来注入一些成长性很强的优质资产。

南京中北（股票代码：000421）于2014年11月26日收到中国证券监督管理委员会《关于核准南京中北(集团)股份有限公司向南京公用控股(集团)有限公司等发行股份购买资产并募集配套资金的批复》，核准公司向南京公用控股（集团）有限公司发行 177 929 151 股股份、向南京市城市建设投资控股（集团）有限责任公司发行 1 720 488 股股份、向南京公共交通（集团）有限公司发行 688 195 股股份购买相关资产，同时核准公司非公开发行不超过 61 320 755 股新股募集本次发行股份购买资产的配套资金。

从南京中北公司的资产重组方案中看出，企业为了能够更加持续、健康的发展，并不会固守已有的产业，而会通过刨除劣质资产、购入优质资产的方式来刺激企业积极发展。正是在资产置换重组的推动下，该股股价也在不断走高（图3-13）。

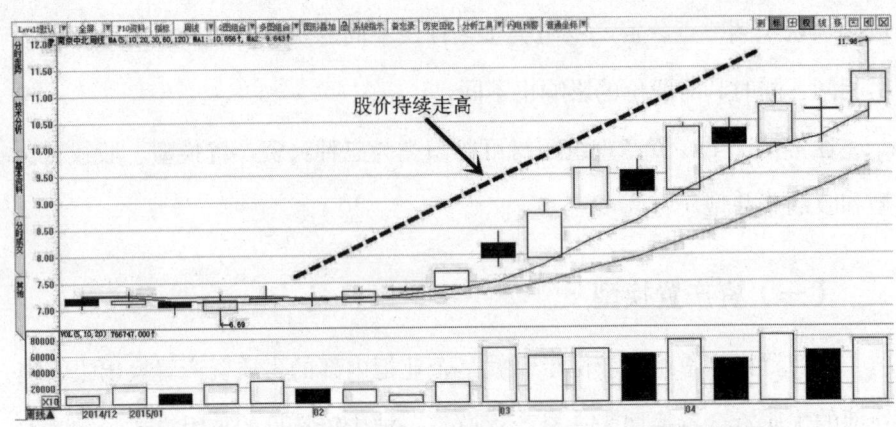

图 3-13　2014 年 12 月～2015 年 4 月南京中北周 K 线图

总体来讲，资产置换重组在所有资产重组方式中效率较高，具体表现就是，一般情况下，上市公司通过资产置换重组后，业绩、利润、每股收益都会发生大幅增长。对于新股民朋友选股来说，的确是一个出发点。但资产置换重组在保证了高效率的同时，却也暴露了另外一个特点，那就是关联交易多、短期得益较多，长期收益还需要结合其基本面数据等信息综合研判。

（二）股权转让型

与资产置换型重组的高效率相比，股权转让型资产重组的效果则要差得多。对于企业来讲，股权转让只意味着企业股权结构发生了变化，经营活动是否发生变化、经营效率是否提高、产品结构是否有所调整等决定一家企业利润、效益以及公司股价的关键因素，并不一定会随着股权转让行为的发生而发生变化。

2012 年 8 月 31 日，永鼎股份（股票代码：600105）公告显示，沪苏浙公司营业以来一直处于亏损状态，且净资产逐年缩减，对公司财务状况和经营成果产生较大影响。该公司与江苏交通控股有限公司（简称"交通控股"）签署了《股权转让协议》，拟将持有的参股公司沪苏浙 21.3% 股权转让给交通控股，转让价格以中通诚资产评估有限公司出具的《江苏沪苏浙高速公路有限公司部分股权转让项目涉及江苏永鼎股份有限公司及永鼎集团有限公司所持江苏沪苏浙高速公路有限公司21.98%股权价值资产评估报告》的评估结果为基础（评估基准日为2012年5月31日），转让价格为人民币13860万元。转让完成后，公司将不再持有沪苏浙公司的股权。

虽然这次股份转让是为了提升企业的业绩以及发展能力，但是由于其基本面无法提供给股民足够的安全感，因此这次股份转让并没有对该股走势产生大的影响（图3-14）。

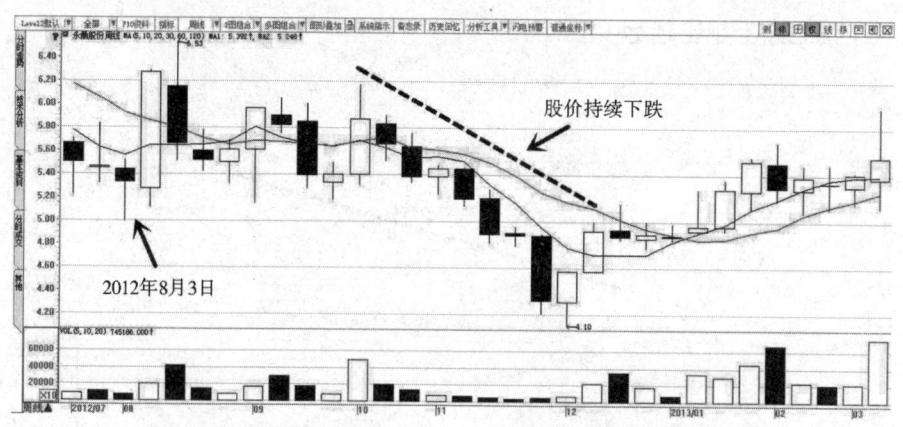

图3-14 2012年8月～2013年3月永鼎股份周K线图

发生资产重组，并不意味着企业经营水平和经营效率的提升，更不意味着股价的上涨。因此，新股民朋友在选股时一定要考虑到这种可能，谨慎行事。

（三）收购兼并型

企业上市后，要想继续扩张，扩大市场份额或者跨界进入其他领域整合资源，就不得不进行收购兼并。在所有的扩张方式中，收购兼并其他企业是最常见的一种。对于企业来讲，这是一种最快扩大规模、壮大实力的路径。

2013年10月9日晚顺荣股份(股票代码：002555)发布公告称，拟以

19.2亿元收购上海三七玩网络科技有限公司60%股权。由于中途各种因素的干扰,这份并购预案终究没有实施成功。时过近一年后的2014年12月3日,顺荣股份终于发布公告,公司收到了证监会出具的《关于核准芜湖顺荣汽车部件股份有限公司向李卫伟等发行股份购买资产并募集配套资金的批复》,其发行股份购买资产并募集配套资金事项获证监会核准,同时公司股票将于2014年12月3日开市起复牌,并更名为顺荣三七,股票代码不变。

由于顺荣股份和三七玩网络科技有限公司都属于优质企业,并购属于强强联合的发展模式,因此,在并购成功的消息发布后,新生的顺荣三七在上涨之路上越走越远(图3-15)。

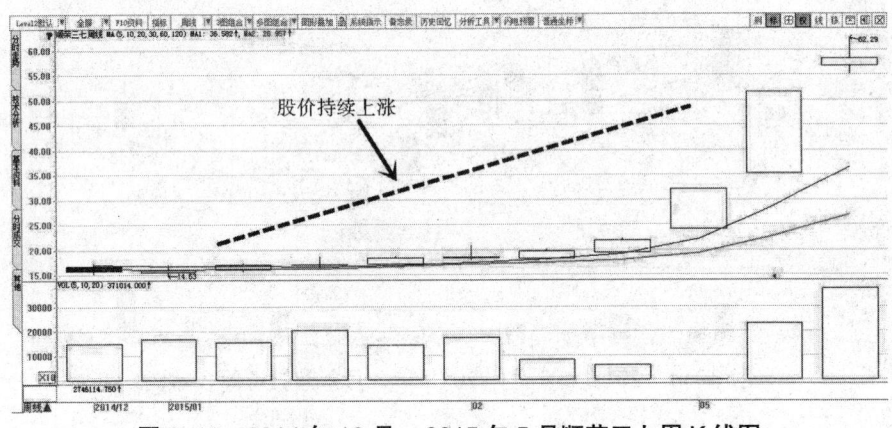

图3-15　2014年12月~2015年5月顺荣三七周K线图

收购兼并意味着原来的两个企业整合到一起,其效果以及带来的改变自然非其他资产重组方式所能达到。但有一点新股民也要注意,经过收购兼并资产重组后的企业,一般都需要很长一段时间进行磨合、适应和彼此调整。因此,预期效果可能会很大,但见效过程却通常都比较缓慢,选股时要考虑到这一点。

对于选股来讲,资产重组并不意味着该企业发行的股票就一定会成为好的选择。在选股时,新股民朋友还是要仔细分析是何种类型的资产重组,权衡利弊,最终综合考量各种因素,选择真正有潜力和上涨空间的股票。

第四章 ◉ 透过基本面选牛股

基本面是选股时应重点关注的要素之一，透过基本面选股可以选到价值被低估的股票。在此类股票的低价位买入，可能会给股民朋友带来意想不到的财富。

一、基本面决定个股投资价值

股票是一种有价证券，和一般商品不同，一般商品的价值因其用途、劳动力成本、时间成本等很容易被定义，而股票本身并不具有实际使用功能，它的价值并不容易被定义。

股民买入一家上市公司股票，在持有该股票期间就可以分享该公司的利润或分红。股民能分到的钱多，是因为股票的价值大。它的分红来源于利润，因此投资股票就是在投资上市公司的营业利润。

怎样判断上市公司的盈利能力？先从基本面入手。基本面的分析从宏观经济到企业所在行业再到上市公司基本情况。股票的内在价值就是由股份公司基本面所决定的本身所固有的价值。每一个股票投资者投资股票前需要透彻分析公司基本面，像是盖楼房需要打牢地基一样。

在中国股市中有两千多只股票，不同的股票，其价格也不相同。有的股票股价只有几元，而有的却有几百元（图4-1，图4-2）。

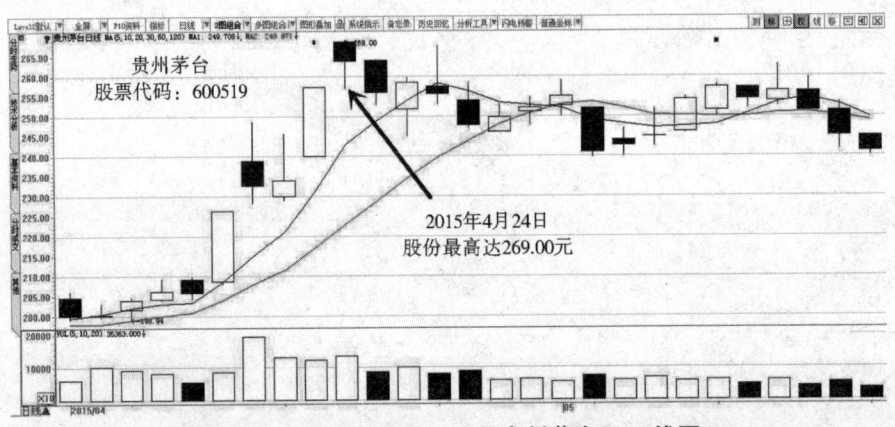

图4-1　2015年4月～5月贵州茅台日K线图

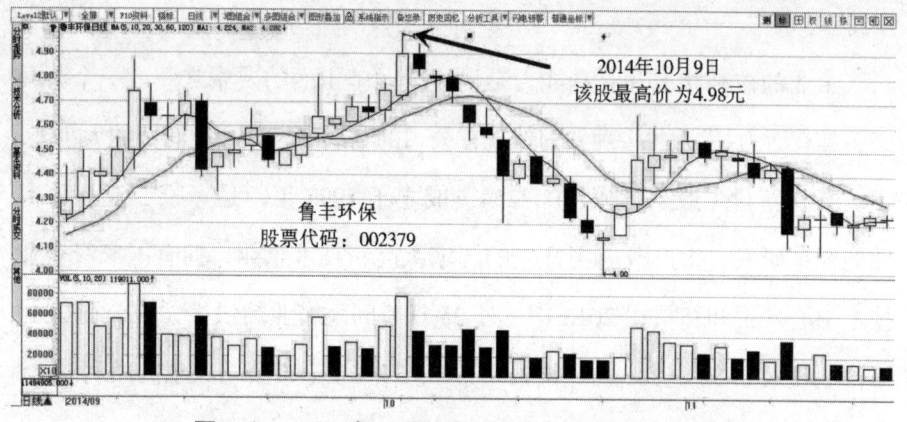

图 4-2 2014 年 9 月~11 月鲁丰环保日 K 线图

宏观经济运行态势决定了上市公司的经营业绩，也为其进一步的发展确定了背景。宏观经济与上市公司的股票价格有着密切的关系。从长期和股市的根本来看，股票市场的走向与宏观经济趋势具有一致性，股票市场的价格波动在很大程度上反映了宏观经济的发展态势。

在整体背景下宏观经济影响着股票市场的长期发展趋势，但这种影响却又不是全面的。在宏观经济恶化的情况下，部分行业也会展现出积极的态势。同时，在整个行业不景气的情况下，会有部分企业独树一帜，成为股市中的牛股。想做到慧眼识"牛"，需要熟练掌握这些方面的分析。

二、公司基本面

分析经济基本面和行业基本面的同时，也要分析上市公司的基本面。上市公司具有长期盈利的能力，才能决定选择该上市公司发行的股票。

公司运营状况是影响股票价格的因素之一。对于股票价格的预期是建立在公司经营成果这样的前提条件下。公司持续盈利比单纯的股价上升重要得多。

企业的盈利状况和获利能力是构成公司基本面的要素之一。一个公司是否具有活力、优秀的管理能力体现在公司的利润率高低和利润额的大小上。

泰和新材（股票代码：002254）成立于1993年，是一家专业从事高性能纤维研发、生产及应用开发的国家级高新技术企业，拥有国家级企业技术中心。泰和新材在2015年2月25日晚间发布业绩快报，该公司2014年营业收入17.76亿元，同比增长0.35%；归属于上市公司股东的净利润1.5亿元，同比增长78.33%；基本每股收益0.3元。

在较高的盈利能力的支持下，该股的股价也在稳步上涨。2014年1月13日，该股最低价格仅为6.88元，而到了2015年2月3日时，该股最高价已经达到了14.33元的位置，涨幅高达108.28%（图4-3）。

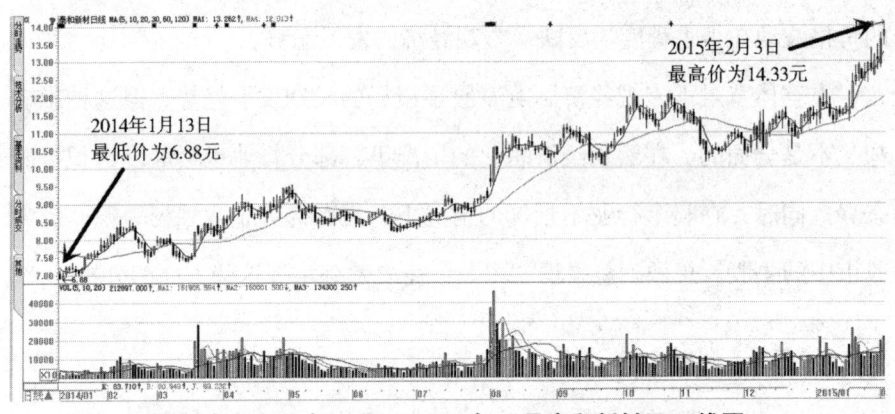

图4-3　2014年1月~2015年2月泰和新材日K线图

研究一个企业是否能够持续盈利时，可以参考两个指标：企业纯利率和股东权益回报率。

（一）企业纯利润

企业的获利能力并不等于企业的纯利润。可能企业目前纯利润非常高，但需要注意企业的纯利润是经过长时间积累达到这样的高位，还是突然涨到这个高位的。

客观的分析方法是：观察企业过去 5~10 年的纯利润，在过去的 5~10 年中，如果企业的纯利润始终保持在比较高的水平，并且具有持续上升的态势，那么就说明企业管理层对业务的营运以及成本的控制比较好。如果是突然上涨到一个较高的水平，那么其真实获利能力就不能以企业纯利润作为唯一参考标准，因为企业纯利润的爆发性增长并不能代表一个企业具有持久、稳定的获利能力。

（二）股东权益回报率

股东权益回报率简称 ROE，是衡量股票投资者回报的一个指标。它也能反映企业管理层的盈利能力、资产管理及财务控制能力。其计算公式为：

股东权益回报率 ＝ 纯利润 ÷ 公司股东资本 ×100%

一般情况下，股东权益回报率高于 20%，说明该企业获利能力比较好，能为持股者带来良好的收益；如果股东权益回报率比较低，则证明其获利能力就比较差，持有该公司股票的新股民朋友们的收益也就无法保证。

根据科大智能（股票代码：300222）公布的报表显示，2014 年中期其主营业务收入为 21 412.90 万元，第三季度主营业务收入为 36 564.51 万元，第四季度主营收入为 61 472.38 万元，其每季度主营收入增长比率都在 15% 以上，并且股东权益回报率达到了 29%。这说明在一段比较长的时间内，该上市公司的业绩始终在增长。在良好基本面的推动下，该股股价也从 1 月 10 日的最低价 8.34 元，上涨至 11 月 28 日的最高价 23.90 元，其间涨幅达到了 186.57%（图 4-4）。

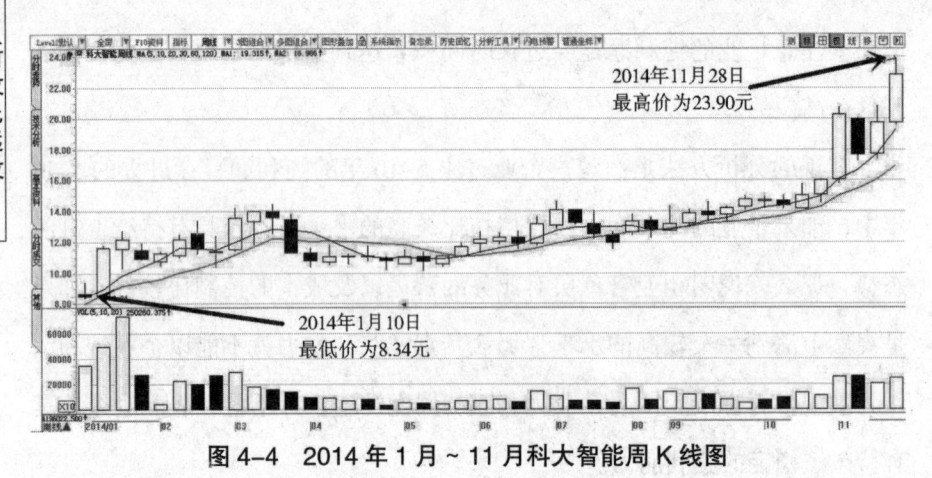

图 4-4　2014 年 1 月 ~ 11 月科大智能周 K 线图

　　选择股票前，新股民朋友要细心地通过各种数据综合评判。不要单凭一个季度或半年的企业公告得出片面结论，就用来判断企业的获利能力。耐心、细心地综合多组数据，系统地分析，才能为自己选到最值得投资的股票。

三、财务基本面

　　新股民朋友们选择股票时最基本的决策依据，便是这节所要讲到的财务基本面。在选择个股时，财务基本面是非常重要的方面。财务基本面的衡量有三个指标：市销率、市盈率和市净率。

（一）市销率

　　市销率衡量的是股价与企业销售收入的关系。计算方法是总市值和主营业务业收入的比值。总市值就是当前股票的价格乘以总股本计算出的数值。

市销率计算公式为：

$$市销率 = 总市值 \div 主营业务收入 \times 100\%$$

通常情况下，市销率越低的股票，其投资价值相对越高，特别是当一些企业每股收益很低甚至亏损的时候，再采用市盈率衡量结果是不准确的。这时就要采用市销率来衡量，只要企业在经营，市销率就是一个正值。

新股民朋友需要注意的是，利用市销率可以选出备选股票，但这并不代表被选中的股票就一定有非常高的投资价值。还需要结合其他的数据，如企业的发展前景、企业的经营策略等综合评判该股票是否具有真正的投资价值。

黑化股份[1]（股票代码：600179）是一家从事焦炭及焦化产品、化肥产品、氯碱产品、石油加工产品等化工产品的上市公司，其2014年5月的平均市销率为5.92，而据统计资料显示：2014年5月A股化肥行业上市公司的平均市销率仅为0.77。也就是说，黑化股份的市销率比同行业平均水平高了6.7倍。过高的市销率注定了其股价的不稳定（图4-5）。

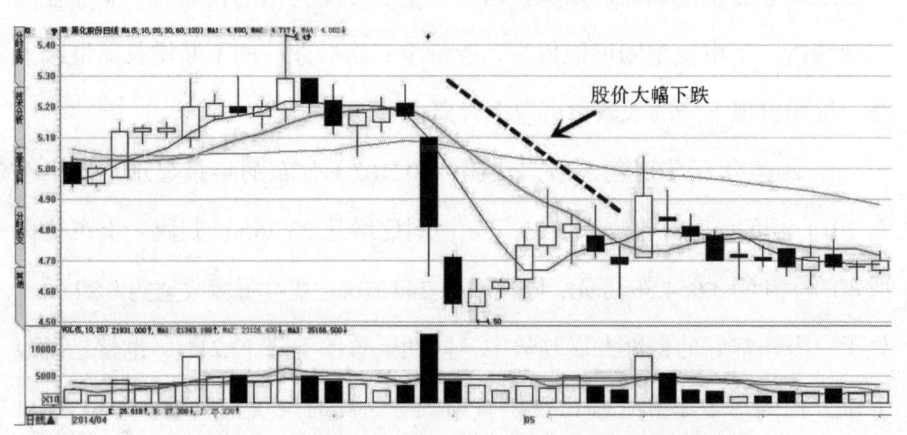

图4-5 2014年4月~5月黑化股份日K线图

---

[1] 黑化股份于2016年重组后，更名为安通控股。

（二）市盈率

市盈率衡量的是股价与企业利润的关系。计算方法是股价除以每股收益后所得到的数值，其计算公式为：

$$市盈率 = 股价 \div 每股收益 \times 100\%$$

市盈率的意义：投资一只股票后，按照现在的盈利水平计算，多长时间以后能够收回投资成本。例如，买入一只股票后，计算出市盈率为20，说明以现在的盈利成本计算，需要在20年以后才能收回投资成本。

通常情况，市盈率这一指标主要用来衡量股价是否被高估或者低估，方便股民朋友判断股价所处的位置是否合理。

市盈率并不总能准确地衡量出一只股票的质量。一般来说，企业股票市盈率过高，则该企业的股票价格有可能存在一定的水分，就是说股票价值被高估。

如果企业业绩快速增长，并且未来的业绩增长被市场看好时，股票的高市盈率能够较准确地衡量其价值。当企业处于行情的拐点时，企业业绩出现转折，其市盈率则可能偏高，股价没有随着业绩的不断增长而继续上涨，反而出现下降的现象称市盈率背离。

据2014年沃华医药（股票代码：002107）公布的年报显示，沃华医药2014年度实现营业收入3.15亿元，同比增长23.36%；归属于上市公司股东的净利润3 654.80万元，同比增长244.10%；基本每股收益为0.22元，处于一个非常好的良性发展趋势中，同期市盈率下降13.21%，也就是说该上市公司的市盈率和业绩出现了背离现象。此时反观其股价，2014年11月23日该股最低价9.36元，在经过一段时间上涨后，该股于2015年3月26日达到最高价43.40元，涨幅达363.68%（图4-6）。

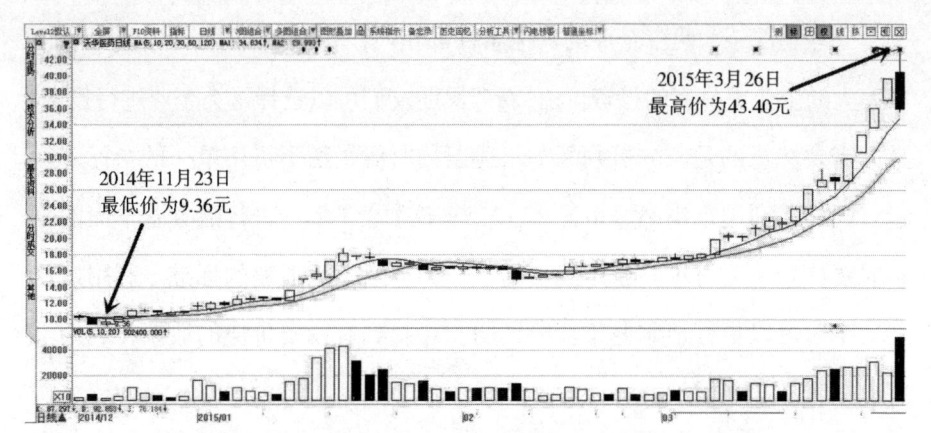

图 4-6　2014 年 12 月～2015 年 3 月沃华医药日 K 线图

通过上述案例，新股民朋友们在使用市盈率来衡量股票要注意两点：

（1）业绩出现转折时，股票价格与企业业绩成相反走势，出现市盈率背离的情况。

（2）运用市盈率指标时要关注企业业绩提升是否具有良好的持续性，而不是处于暴涨暴跌的态势中。

（三）市净率

市净率指股价与每股净值的关系。每股净值是每股资本公益金、企业资本金、未分配盈余、任意公积金、资本公积金等项目的合计，它所代表的是一个企业的全体股东共同享有的市净率权益。其计算公式为：

$$市净率 = 股价 \div 每股净值$$

投资时最值得信赖的数据便是股票的净值，它不存在任何的人为刻意营造成分。新股民朋友在进行股市投资时更应该注重股价与每股净值的关系，而不是更注重股价与每股税后利润的关系。

企业的经营状况决定了净资产的多少，企业的经营业绩越好，其资产增值也就越快，股票的净值也就越高，股东拥有的权益当然也就多。

一般情况下，两个企业的其他条件都相同，市净率相对小的企业，比市净率大的企业更具有的投资价值，新股民朋友们可以选择这类企业进行投资。

需要注意的是，分析判断一只股票的时候，切不可用单一的指标来衡量。同样，利用市销率、市盈率、市净率这"三率"进行财务基本面的分析时要注意，不可单独使用某一指标作为评断一只股票的标准。利用好这"三率"可以更好地服务于新股民朋友寻找到有投资价值的股票，利用不好也很容易产生偏差。

四、行业基本面

整体经济形势发展较好时，只代表大部分行业发展趋势较好，不代表所有行业都好。整体经济形势发展处于劣势时，也只代表大部分行业发展趋势不好，不能代表所有行业都会陷入困境。因此在分析基本面时，不仅要分析国家宏观经济基本面形态，也要分析行业的基本面形态。这样才能更加全面地了解上市公司的发展背景。

2013年国内经济增长速度较之前相比略有降低，工业增加值同比增长9.7%，比上年同期下跌了0.3个百分点，总体经济显现减速增长的态势。受到宏观经济的影响，2013年的股市发展态势并不是非常乐观，上证指数自2013年2月22日至6月28日，下跌595.15点，跌幅达24.34%，将近四分之一的市值蒸发殆尽（图4-7）。

2013年国内经济增长速度较之前相比略有降低，工业增加值同比增长9.7%，比上年同期下跌了0.3个百分点，总体经济显现减速增长的态势。受到宏观经济的影响，2013年的股市发展态势并不是非常乐观，上证指数自 2013 年 2 月 22 日～6 月 28 日，下跌 595.15 点，跌幅达 24.34%，将近四分之一的市值蒸发殆尽（图 4-7）。

教育传媒行业的逆势而动，得益于其良好的行业基本面。在新媒体概念的推动下，教育传媒从 2013 年 2 月 8 日最低点 1851.91 点一路上涨至 5 月 31 日的最高点 2415.20 点，涨幅达 30.42%，与大盘走势形成了鲜明对比（图 4-8）。

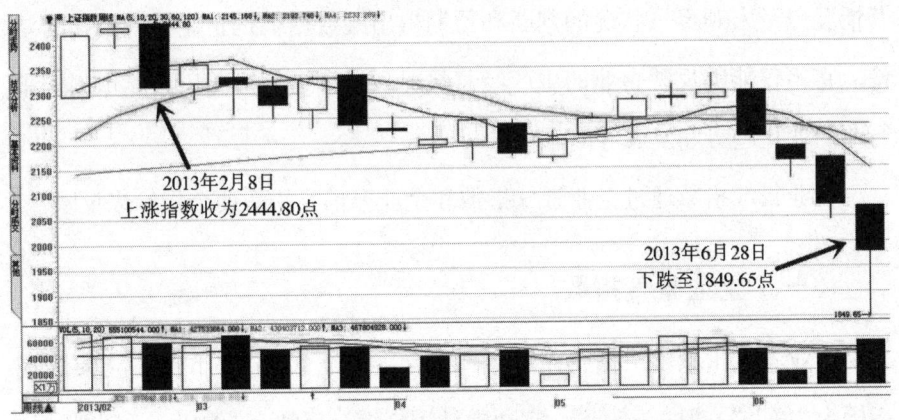

图 4-7　2013 年 2 月～6 月上证指数周 K 线图

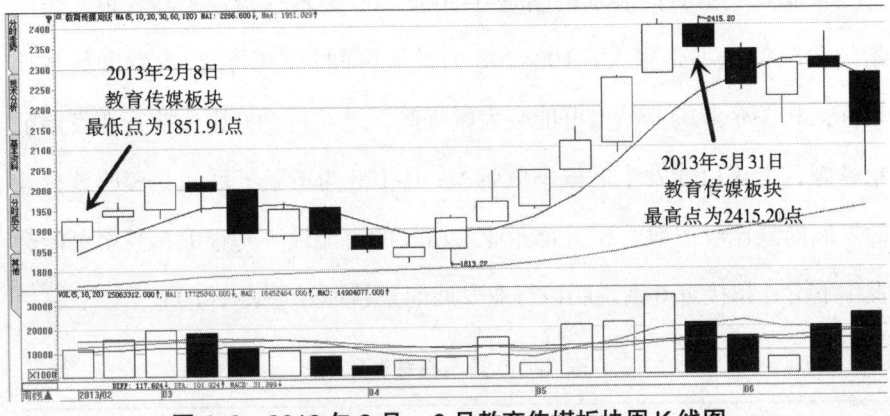

图 4-8　2013 年 2 月～6 月教育传媒板块周 K 线图

行业基本面是股民在选股时重要的参考指标之一。上市公司是否具有良好的行业基本面，直接决定了该股的上升空间和抗跌能力。利用行业发展趋势以及增长情况的景气程度进行分析概括,以此来衡量一个行业的发展水平,可以相对简单、准确地判断出行业的基本面情况。

行业景气度指的是行业景气指数,它是对一个行业的发展趋势以及增长情况的景气程度进行分析概括,以此来衡量一个行业的发展水平的指标。

行业景气指数源自企业的景气调查,它是针对市场经济建立的一项统计调查制度。通过对企业家的定期问卷调查,并且根据企业家对企业经营情况以及宏观经济状况的判断和预期得出的数据就是企业景气调查的结论。它不仅能够反映企业的生产经营状况、经济运行情况,还能预测未来行业的变化趋势和发展方向。

行业景气指数通过企业景气指数和企业家信心指数两个指标来反映:

(一)企业景气指数

企业景气指数是根据企业对自己综合生产经营状况的预判,主要表现指标为"好""一般""不佳",它通常被用来综合反映企业的生产经营状况。

企业景气指数的表示范围是0~200。100是景气指数的临界值,表明景气状况变化不是很大;100~200为景气区间,表明该行业发展前景比较好,相关企业的业绩很可能会大幅提高,越接近200则说明行业发展前景越好,上述可能发生的概率就越大;0~100为不景气区间,表明该行业的发展前景比较一般,相关企业业绩增长的可能性不是很大,甚至可能会发生下滑,越接近0则说明该行业发展前景越不好(表4-1)。

表4-1 景气指数浏览表

区间名称	范围	代表意义
景气区间	100~200	行业发展前景较好
临界值	100	变化并不是很大
不景气区间	0~100	行业发展前景并不是很好

2014年2季度，工程机械行业的一致合成指数为96.68，比上期下降0.90点，比去年同期下降0.63点，创2005年以来新低。通过对行业景气度的分析，可以说工程机械行业在2014前半年基本不会出现较大的行情。国内宏观环境有所改善，虽然现有指数显示行业并不会有突出表现，但是如果该行业的指数能够呈现出回温态势，那么后市则可期待走高，投资结构将会继续优化。

徐工机械（股票代码：000425）是我国工程机械行业的龙头企业，行业竞争力强大，公司主导产品压实机械、铲运机械、路面机械等在国内具有领先的水平。由于行业景气程度偏低的影响，导致了身为同行业龙头企业的徐工机械公司股价呈现出横向波动的态势（图4-9）。

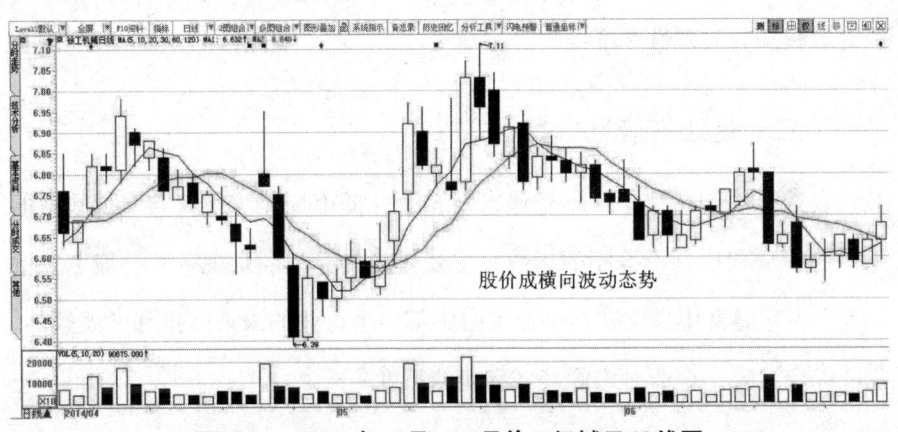

图4-9　2014年4月~6月徐工机械日K线图

安防行业在2014年第四季度的景气度为157，虽然同比2013年下跌了9%，但是其发展趋势却一直向好，在未来一段时间内由于其行业景气度的影响，相关的股票价格也会呈现上涨态势。在整体环境趋势的推动下，安防行业自2014年7月24日~12月4日，上涨了31.23%（图4-10）。

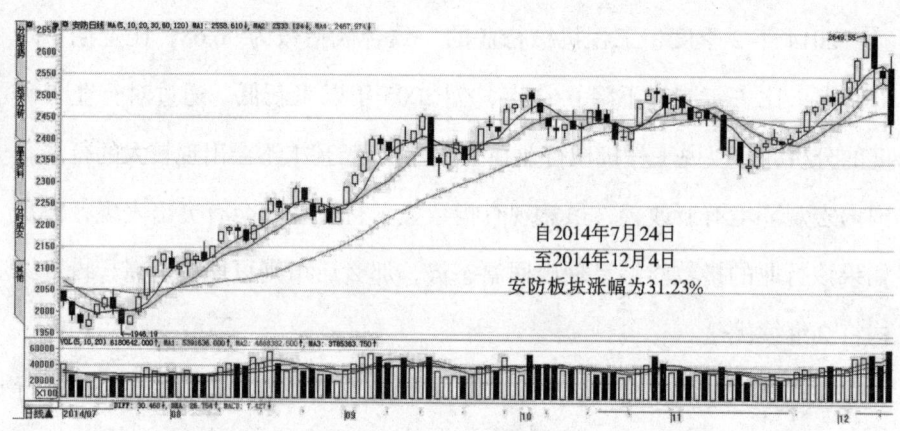

图 4-10　2014 年 7 月～12 月安防板块日 K 线图

　　判断一个行业未来的发展趋势最简单有效的方法，就是用行业景气指数来判断。通过数值变化的对比即可分析出行业发展的方向。行业景气指数有着较高的时效性和准确性。

（二）企业家信息指数

　　企业家信心指数是根据企业家对企业外部市场经济环境与宏观政策的认识、看法和预判所编制的指数，主要体现指标为"乐观""一般""不乐观"，它通常用来反映在企业家眼中某一个行业的未来前景和发展趋势，它能综合反映出企业对宏观经济环境的态度。

五、经济基本面

　　证券市场是金融市场的重要组成部分，作为经济发展的"晴雨表"，发挥着经济预测的功能。证券市场和宏观经济的相互关系体现在，证券市场是宏观经济的先行指标，宏观经济因素是证券价格波动的大环境。

（一）宏观经济

理论上，宏观经济对于证券市场的影响有两个方面：宏观经济指标影响和宏观经济政策影响。实际上我国的证券市场还在高速发展和完善中，实体经济的发展趋势，会越来越多地影响到证券的发展趋势。

目前，我国处于新常态。新常态只是意味着中国经济进入一个新的发展阶段，只是意味着速度要下一个台阶，但并不意味着中国发展的黄金时代已经结束。在"新常态"阐释下，股市也走出了积极的态势。上证指数从2014年5月的相对低位1991.06点走到2015年4月15日的4168.35点，涨幅达109.35%。而深证成指则由2014年5月的7075.32点上涨到2015年4月15日的14221.51点，涨幅达101%（图4-11，图4-12）。

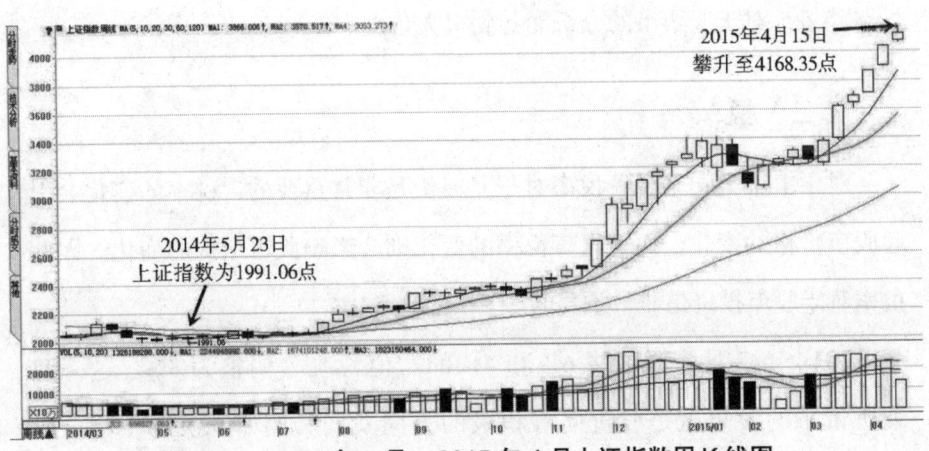

图4-11　2014年5月～2015年4月上证指数周K线图

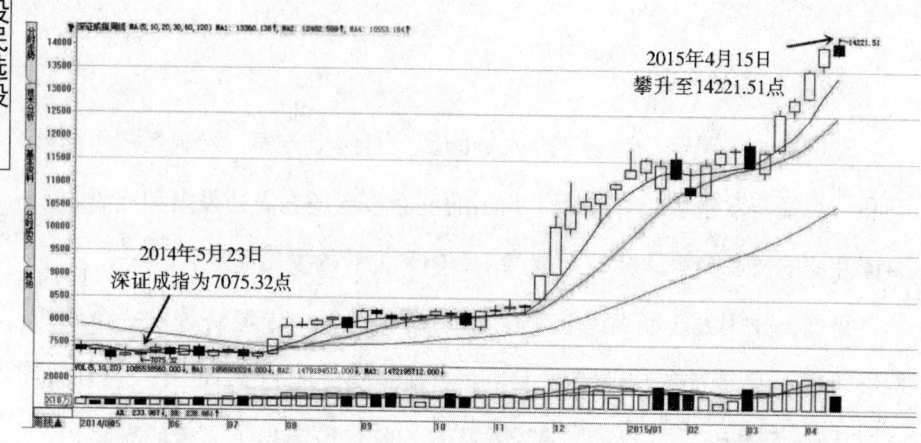

图4-12　2014年5月~2015年4月深证成指周K线图

正常情况下，宏观经济运行良好，股市不会长期低迷；宏观经济不佳，股市也不可能持续上涨。分析好宏观经济基本面，有利于股民朋友规避风险，相当于在选择出一只好股票的道路上指明了大方向。

想研究股市，就必须研究宏观经济的发展趋势。正确分析宏观经济的发展趋势，对于股票市的分析能起到很大帮助。

（二）税率

对于上市公司来说，税率对于其股价是非常重要的，税率的变化会引起股市价格的变化，而进出口税率的变化则会影响股市结构的变化。因此税率对于股市投资是非常重要的。

2014年7月，国家将6%和4%的增值税统一调整为3%。这一政策所带来的效果就是股价向着积极的方向发展。例如，沃森生物（股票代码：300142）就因税率的变化，其股价由低迷状态走向积极状态（图4-13）。

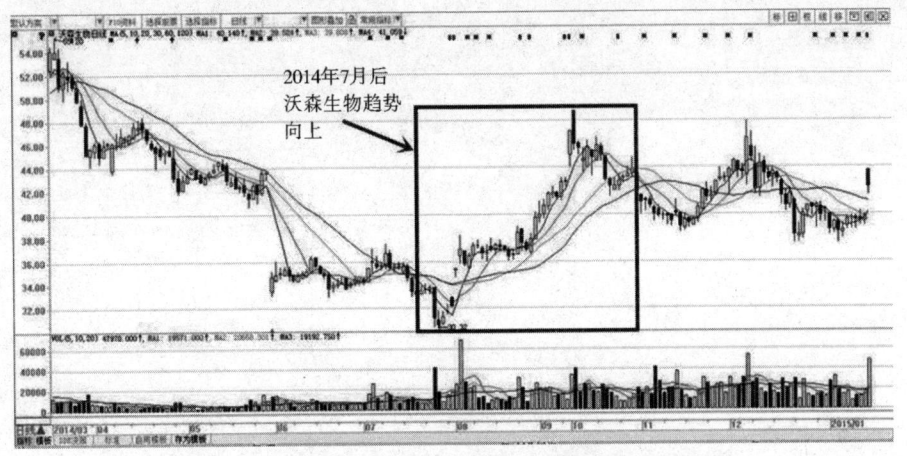

图 4-13　沃森生物 2014 年全年股票行情日 K 线图

　　税率的调整和变化影响着股市的动态，不同的变化对不同的股票会产生不一样的影响，新股民朋友判断股市走向不但要结合税率、进出口税率，也要结合其他方面的信息，综合考量，理智看待股票投资市场动向。

　　对股票市场的研究不要仅仅只局限于对宏观经济和税率的研究。影响股票价格走势的因素是多方面的，如上市公司所处的行业景气度、该公司的经营业绩等。所以在研究宏观经济的同时，要结合多方面要素，更为全面、客观地去分析。

第五章 ◉ 透过技术面选牛股

选择股票时除了要关注基本面，也要关注技术面。很多新股民朋友一听说技术分析，可能会觉得自己并不懂得技术指标，也分析不好，要请教股票专家。其实很多技术指标是简单易学的。把这些技术指标熟练运用到实际操作中，并勤加总结，就能够掌握技术面分析的要领，从而通过对技术面的分析为自己带来更多的收益。

一、K线

K线是技术选股中最基本的技术指标之一，起源于日本米市，现在被广泛应用于股票、期货等证券市场，能够全面透彻地观察到相应市场的变化。其优点有直观、立体感强、携带信息量大，从K线图中可以观察到股价趋势的强弱、买卖双方力量平衡的变化，对于预测后市走向也比较准确。

根据K线的计算周期，可将其分为日K线、周K线、月K线、季K线、半年K线和年K线。其中，月K线、周K线和单日K线经常被用于辅助选股。

（一）月K线

月K线是以一个月的第一笔交易的开盘价为开盘价、最后一个交易日的收盘价为收盘价绘制成的K线图。月K线常被用来研究中期行情（图5-1）。

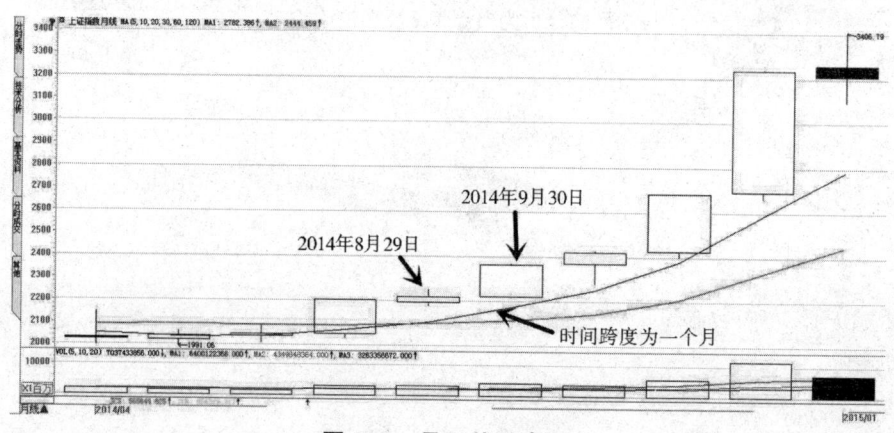

图5-1 月K线示意图

相比周 K 线和单日 K 线来说，月 K 线是从更长的周期来判断股价的走势，整体上的观察更容易显示出一些大趋势。新股民朋友可以遵循以下方法来寻找一些具有中长线潜力的个股：

（1）关注一些形成底部反转形态，如圆弧底、双底等形态的股票。虽然一般这类股票筑底的时间周期会比较长，但是时间周期越长，介入其中的庄家就有更多的时间进行底部换手，从而吸收更多的廉价筹码。个股底部横盘的时间越长，庄家能够在底部锁定的筹码就越多，该股出现中等以及中等以上级别的行情的可能性就越大。

（2）关注月 K 线对应的成交量。新股民朋友不但要关注月 K 线的形态，还要着重观察月 K 线对应的成交量，如果月 K 线在底部区域放出了大量，通常就说明已经有庄家开始在底部进行吸筹。

（二）周K线

周 K 线是以星期一的开盘价为开盘价、以星期五的收盘价为收盘价，一个星期中最高价与最低价分别为周 K 线的最高点和最低点（图 5-2）。

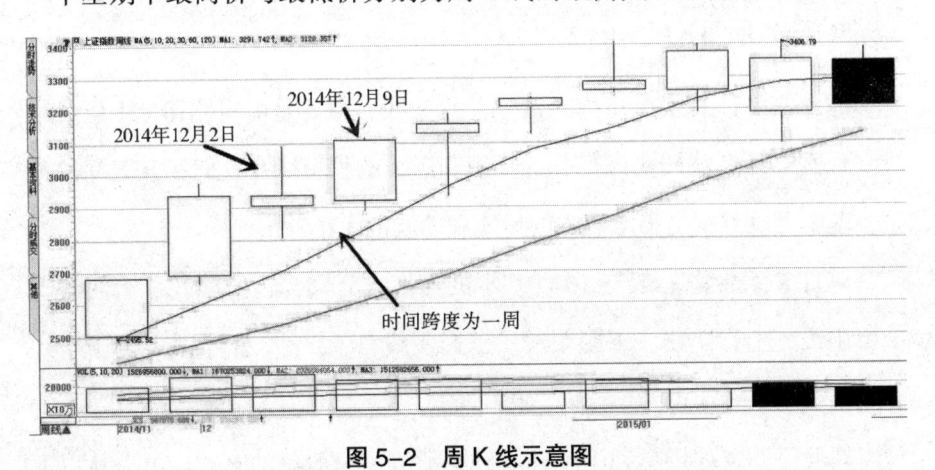

图 5-2　周 K 线示意图

在实际操作过程中，新股民朋友利用周 K 线选股时，首先要判断周 K 线是否安全，再分析日 K 线的组合反映出的情况，最终在适当的时机介入。周 K 线不仅适用于中、长线投资，也同样适用于短线投资。周 K 线具有以下几个特点：

（1）运用周 K 线寻找潜力股准确性高。周 K 线具有更高的稳定性。通过周 K 线来寻找一些中线的牛股，准确性比较高。新股民朋友想找到黑马股，可以在周四收盘前找出一些周 K 线走势较好的股票。

（2）利用周 K 线可以选到强势股。在周 K 线中，中阳线意味着走势比较强，特别是带有短上影线的中阳线，大多意味着后市表现积极。短上影线的出现，说明了多方在有限制地退让，其目的就是积攒力量打败空方。

周 K 线的时间周期大于单日 K 线，在出现同样的 K 线形态时，周 K 线的准确度大于单日 K 线，如果能把对周 K 线的分析和其间的股价形态分析结合起来，分析的效果就会更好。

（三）单日K线

通常，单日 K 线形态指的是一日的 K 线，主要是由实体和上下影线组成。观察单日 K 线的实体部分的长短和影线的长短以及它们相互之间的关系，基本可以判断出多空双方的量能和动能的大小。

单日 K 线形态一般有 10 种基本的形态，分别为：大阳线、大阴线、上影阳线、上影阴线、下影阳线、下影阴线、十字线、T 字线、倒 T 字线和一字线（图 5-3）。

新股民朋友如果想利用单日 K 线来研判一只股票的时候，可以从以下几个方面入手：

大阳线　大阴线　上影阳线　上影阴线　下影阳线　下影阴线

十字线　T字线　倒T字线　一字线

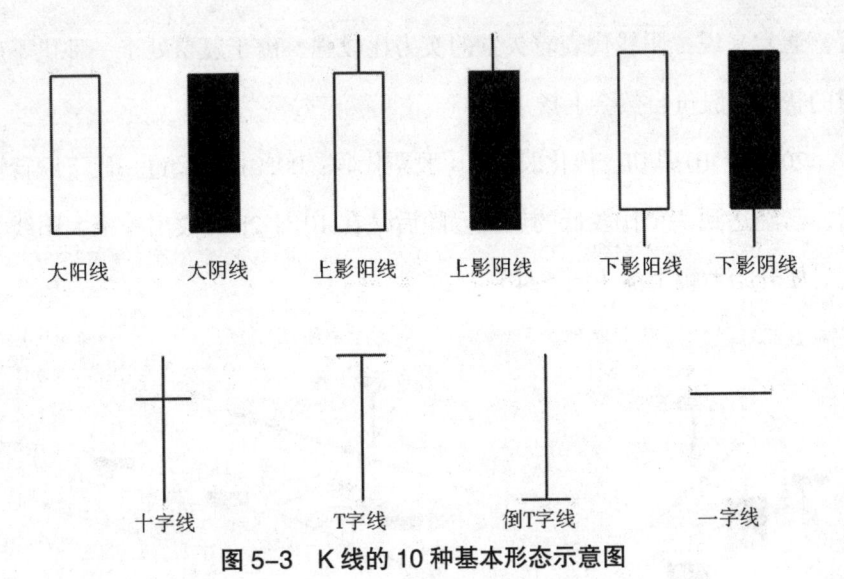

图 5-3　K 线的 10 种基本形态示意图

（1）观察 K 线实体出现在什么位置。通常如果出现了大阳线，那么就意味着多方的势大，后市多被看好；如果出现了大阴线，那么就往往意味着后市会出现下跌行情。如果在大幅下跌后出现了大阳线，通常说明多方已经准备发力上攻，股价很有可能会触底回升，新股民朋友可以将其视为买进信号；如果大阴线出现在大幅上涨之后，那么很可能就代表股票已经走到了趋势尽头，此时新股民朋友应该选择场外观望。

（2）观察 K 线实体的上下影线。如果 K 线实体是黑色的（我们以黑白配色为例，一般炒股软件默认实体颜色为淡蓝色），那么就被称为阴线，它的出现表示当日收盘价格低于开盘价格，卖盘比买盘强，股价处于下跌的趋势中。如果这时 K 线实体附带着上影线，且该上影线较长，就意味着卖压较大，股价在上涨的过程中会遇到比较大的阻力；如果 K 线实体附带着下影线，就意味着下档的接盘能力比较出色，说明股价在下跌的过程中，会产生许多投资机会。

当 K 线实体是白色的时候，就被称为阳线，它的出现代表着股价的上涨。通常来说，阳线代表着买方的实力比较强，由于股票处于一种供不应求的状态，股价自然会上扬。

2014年10月初，传化股份❶（股票代码：002010）经过一段下跌行情后，已经达到一个比较低的位置，随后又在10月28日收出一根大阳线，之后便开始大幅上涨（图5-4）。

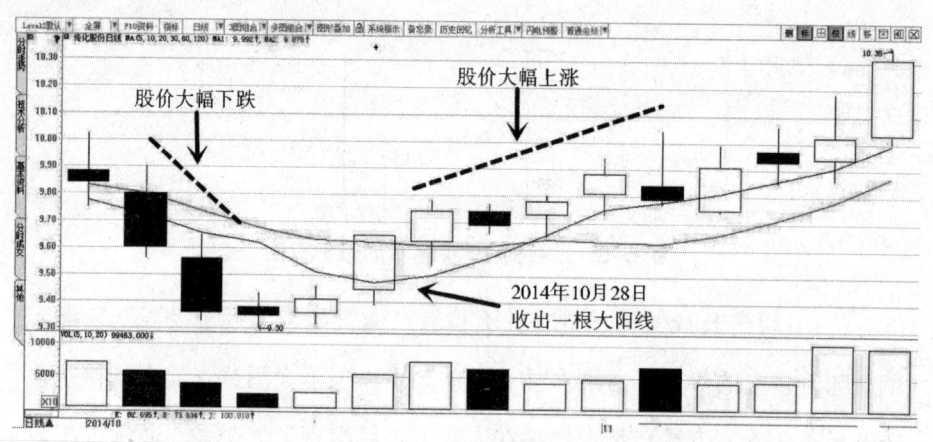

图5-4　2014年10月~11月传化股份日K线图

相比周期短的K线，周期长的K线稳定性高，能更为完整地反映大盘的趋势。新股民朋友利用K线图选择股票时，要注意各种数据的结合使用，这样才可以做出更好的选择。

二、移动平均线

移动平均线是股票技术指标中使用较为频繁的一种。移动平均线常用均线有：5日均线、10日均线、30日均线、60日均线、120日均线和240

---

❶ 传化股份于2016年11月变更为传化智联。

日均线。其中，5日均线、10日均线为短期移动平均线，30日均线、60日均线为中期移动平均线，120日均线、240日均线为长期移动平均线。在所有的移动平均线，又以5日均线、30日均线和120日均线最具代表性。

（一）5日均线

5日均线就是将5天的收盘价相加再除以5。在股市中，5日平均线经常被多方当做护盘的中枢。

一旦出现股价跌破5日均线的情况，就很容易引起持股人的恐慌，甚至会造成大量的恐慌性抛盘，导致股价进一步下跌。而当股价从下至上穿过5日均线的时候，就意味着在最近5天内买入该股的股民已经全部获利，这对新股民朋友来说也是一个绝佳的入场信号。一方面，股价受到强力的支撑会增加股民的信心；另一方面，此时庄家往往都会凭借股民的迫切心理不断推高股价。

白云机场（股票代码：600004）在2014年11月18日向下跌破5日均线，接下来的几天内都保持下跌的态势，之后又进入横盘调整的阶段，一直到11月24日向上突破5日均线。

此后均线保持了抬头向上的势头，这个时机正是新股民朋友最好的入场时机。25日这只股票仍保持在5日均线之上，所以可以认为这次突破是有效的。其后虽有几次破位调整，但之后都调整到了5日均线之上，所以破位无效。如果新股民朋友在这段时间里被吓退，那么就会失去一次获利良机（图5-5）。

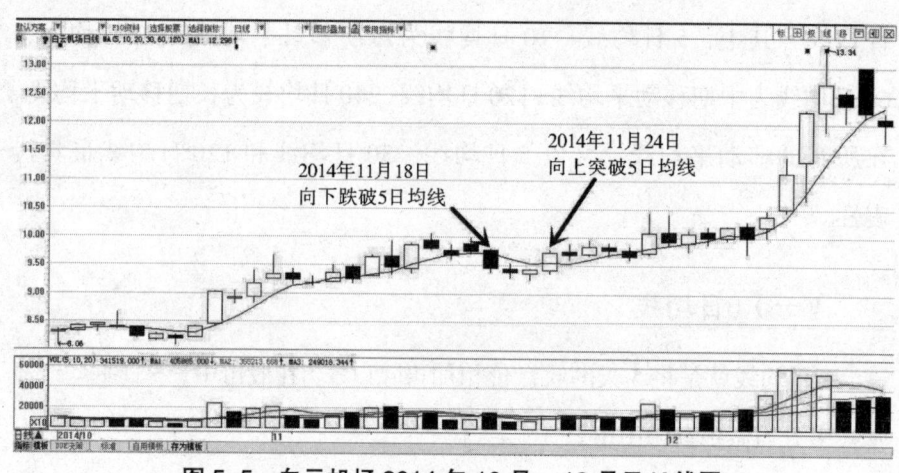

图 5-5　白云机场 2014 年 10 月 ~ 12 月 K 线图

（二）30 日均线

通常将 30 日均线作为沪市、深市大盘的中期生命线，因其周期较长而可靠性较高，每当一轮中期下跌后，指数向上突破 30 日均线，一般都会带来一波上涨行情。由于周期较长的原因，30 日均线一旦形成，那么就有着较强的稳定性，无论是向上还是向下，一般都不容易改变。

股价要向上突破 30 日均线，需要大量的成交量支持。借助这种现象，有的情况下股价向上突破了 30 日均线后又重新回踩均线，这时成交量如果出现了大量缩减，就是新股民朋友买进的好时机。如果股价降回到 30 日均线之下，并且走势不好，尤其是不但降到均线之下还创了新低，些前上涨就有可能是下跌途中的一次中级反弹，跌势还将持续，那么新股民朋友应该立即出局。

华夏银行（股票代码：600015）为例，这只股票于 2014 年 11 月 25 日向上突破了 30 日均线，在 22 日回抽 30 日均线，宣布突破有效，这正是新股民朋友们买入的好时机。随后这只股票一路向上，期间冲劲极强，

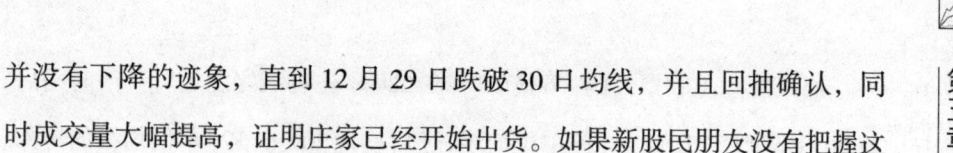

并没有下降的迹象，直到 12 月 29 日跌破 30 日均线，并且回抽确认，同时成交量大幅提高，证明庄家已经开始出货。如果新股民朋友没有把握这个时机离场，也要选择尽快离场，把损失降到最低点（图 5-6）。

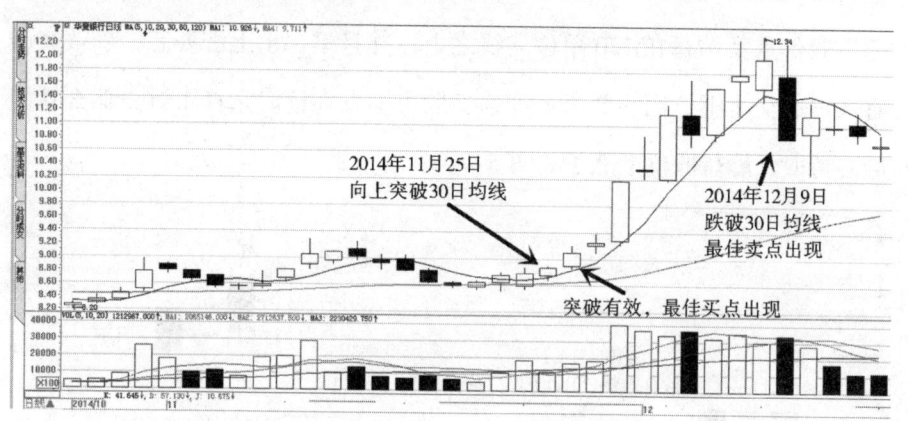

图 5-6　2014 年 10 月~2014 年 12 月华夏银行日 K 线图

（三）120 日均线

120 日均线体现的是 120 个交易日的平均价格。将近半年的时间周期，对于部分股民来说，实在是显得有些漫长，因此，很多股民都有意地忽视掉 120 日均线。事实上，120 日均线是股市投资过程中一个非常重要的参考因素。

股价在 120 日均线以下运行了比较长的一段时间后，等到积攒的力量足够时，一般都会放量向上突破 120 日均线。而 120 日均线的考验会使很多持股股民耐不住寂寞，选择中途放弃。而当这些股民放弃后，股价就会开始不断上涨，使中途放弃的人后悔不已。当股价在 120 日均线之上运行了一段时间后，很可能会出现一个回抽 120 日均线的过程，许多股民都会觉得这时的股价仍然偏高，不想买进该股。实际上，这是一个非常好的跟进信号。

通策医疗（股票代码：600763）在120单位均线之上运行一段时间后，于2013年4月3日跌穿120单位均线，随后呈现出突破120单位均线的迹象，但始终没有成功突破。5月10日，该股终于打破这种僵局，出现放量上涨，随后股价重新站稳在120单位均线之上，并且呈现出上涨姿态，确认突破有效，成交量继续明显放大。如果新股民朋友在这时选择跟进，那么就能舒心持股，静待股价上涨了（图5-7）。

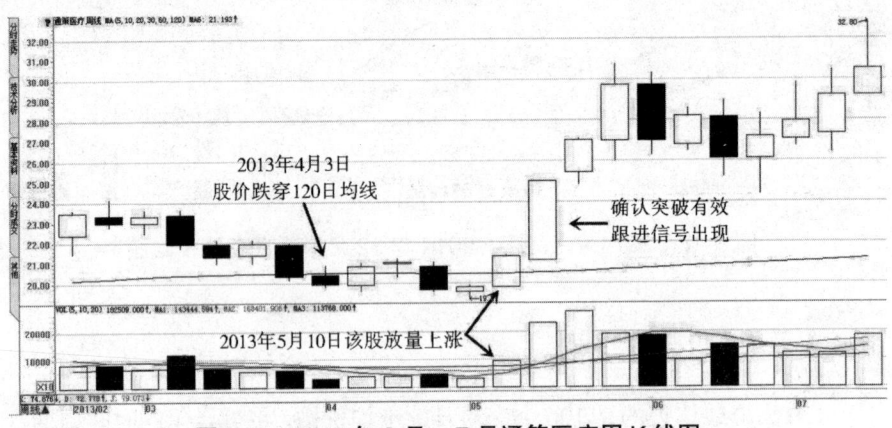

图5-7 2013年3月~7月通策医疗周K线图

选择股票时尽可能将几种均线结合使用。中线、长期均线较为整体地反映走势，短期均线可以体现股价的实时变化。因此，将这些均线拿到一起分析研究，可以更好地为股民朋友服务。

三、MACD指标

MACD指标由两线一柱组合起来形成，快速线为DIFF，慢速线为DEA，柱状图为MACD。MACD指标是可以独立使用来判断市场趋势的指标之一，准确性高，使用简单方便。新股民朋友们需要好好研究分析

MACD 指标，掌握其基本用法，它的走势出现明显特征时可以直接当做买进或卖出的信号。

（一）拒绝死叉

DIFF 由上向下穿过 DEA，形成"死叉"，往往意味着行情下跌，为卖出信号（图 5-8）。

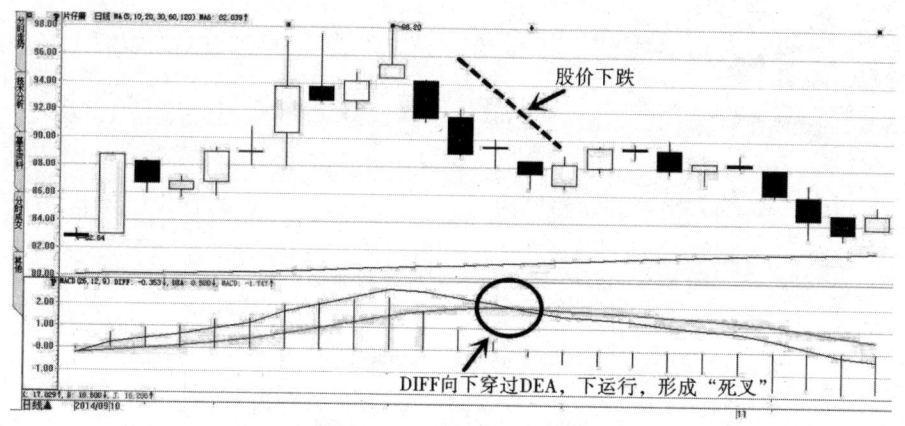

图 5-8 "死叉"示意图

还有一种情况是"拒绝死叉"。

一般情况，"死叉"代表股价下跌，而"拒绝死叉"则代表着股价上涨。MACD 指标中出现"拒绝死叉"后，股票价格会上升到前一个阶段的高点，所以"拒绝死叉"是一个非常好的买入信号。

在 MACD 图形中，DIFF 线快要向下穿过 DEA 线，又突然向上但并未穿过 DEA 线，两条线并行向上运行，这种情况便是"拒绝死叉"。切不可把这种情形，错误地理解为"死叉"，从而错过了一次买入的好时机。

2015 年 3 月 12 日，由于股票的下跌，引起了高盟新材（股票代码：300200）MACD 向下运行，其 DIFF 指标具有了向下穿越 DEA 指标的意图。但是到了 3 月 13 日，该股的 DIFF 指标并没有向下穿过 DEA 指标，而是转向向上运行，形成了比较明显的"拒绝死叉"形态。随后，该股便开始持续高走。当"拒绝死叉"出现的时候，该股的最低价仅为12.90元，但是经过了"拒绝死叉"的洗礼后，该股最高价一度涨至16.45元，涨幅达27.52%（图5-9）。

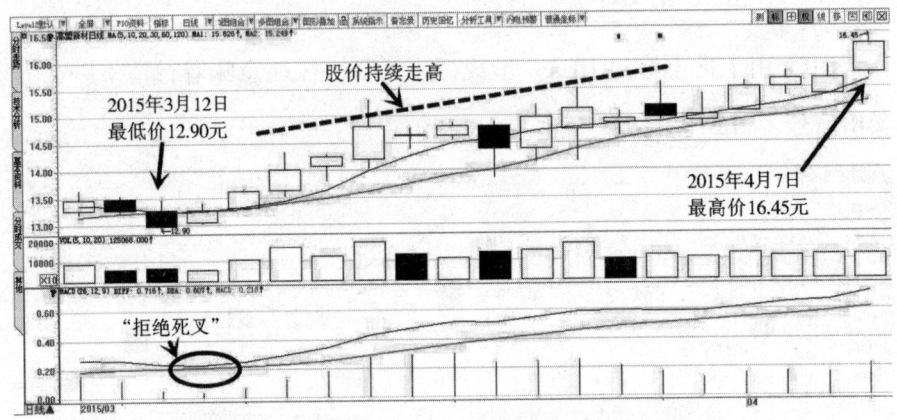

图5-9　2015年3月~4月高盟新材日K线图

（二）空中加油

DIFF由下向上突破DEA，形成"金叉"。在MACD图形中，和"死叉"对应存在的便是"金叉"。DIFF向上穿过DEA后，两者并行向上运行。在股市中，又被投资者称作"黄金交叉"（图5-10）。

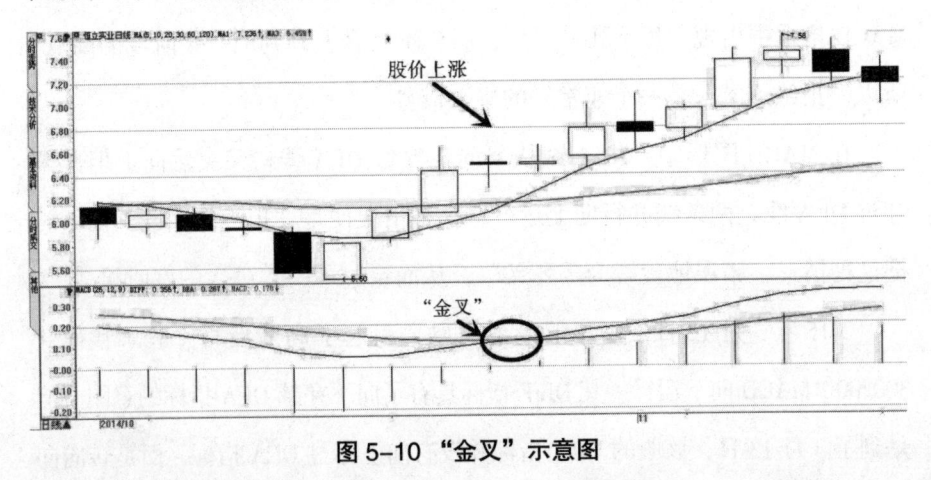

图5-10　"金叉"示意图

"空中加油"的走势形态，由"金叉"或"拒绝死叉"和"死叉"组成。当股票的MACD图形在0轴以上区域形成"金叉"或"拒绝死叉"，随后又形成"死叉"，之后再一次形成"金叉"或"拒绝死叉"的时候，即形成了"空中加油"。通常情况，在股价上涨的过程中，"空中加油"形态表明了股价还将保持上涨的态势。新股民朋友应熟练掌握"空中加油"的形态，以便在选择股票的时候，轻易挑选出能够盈利的个股。

2015年3月12日，国联水产（股票代码：300094）的DIFF指标在即将穿越DEA指标的时候，突然转向而行，形成"拒绝死叉"形态。当月25日，DIFF指标下穿DEA指标，形成"死叉"。随后又于4月2日形成"金叉"形态，整体MACD走势形成"空中加油"形态。从其图形上可以看到，当"空中加油"形态出现后，该股股价大幅上涨（图5-11）。

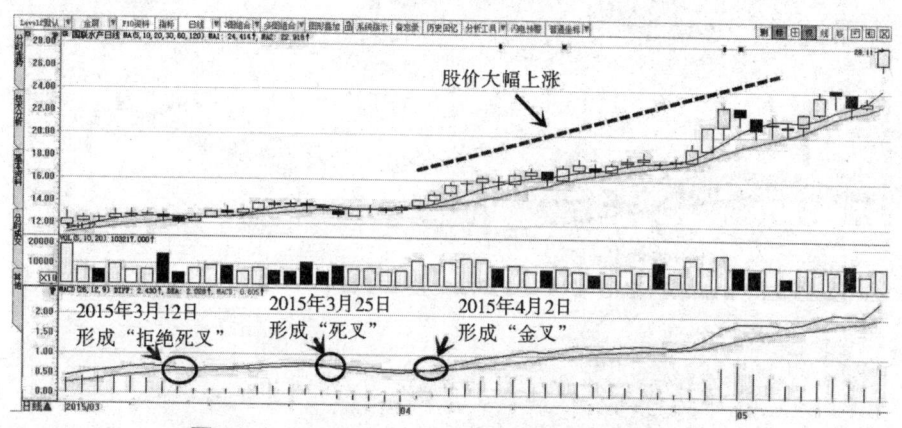

图5-11　2015年3月~5月国联水产日K线图

（三）底背离

股票的价格在近期出现了二个到三个低点，DIFF线与DEA线形成的"金叉"却并不与之一同出现新的低点，这种情况称作"底背离"。出现"底背离"表明空方的力量不足，无法继续打压股价下跌，产生新低点。出现这种情况时，新股民朋友及时买入并中短线持有，可获利。

判断"底背离"时需要注意一种情况，股价与之前的低点持平，并未跌出新的低点，DIFF 线与 DEA 线在 0 轴下方形成的"金叉"却比之前要高，这同样属于"底背离"。

富春通信[1]（股票代码：300299）自 2014 年 2 月 25 日起，持续下跌，不断创造出新低，到 4 月 28 日，该股股价已经下跌到相对低点的位置。而在股价不断下跌创新低的同时，MACD 指标每一次形成的低点都要比上一次高，形成了非常明显的"底背离"现象，这意味着后市该股即将出现较大的反弹行情，甚至还有可能加速上涨。如果新股民朋友能够在发现"底背离"现象的时候及时选中该股，那么此时就可以大胆抄底，放心持有，随后静等股价上升（图 5-12）。

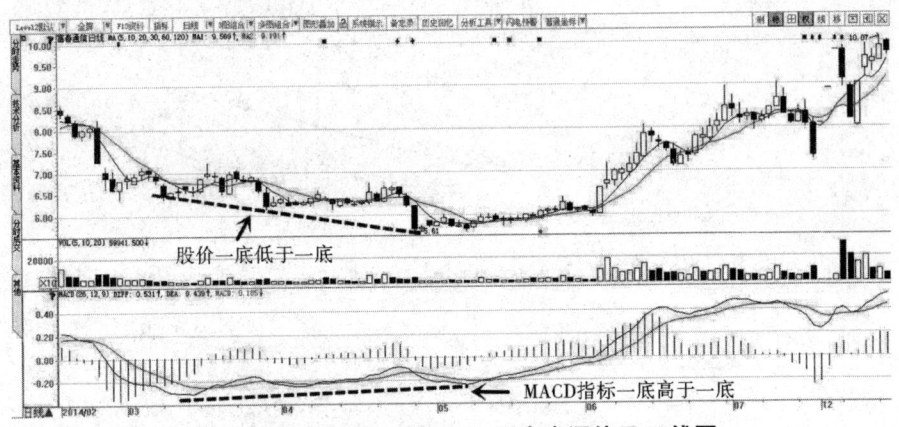

图 5-12　2014 年 2 月~12 月富春通信日 K 线图

新股民朋友在使用 MACD 图形进行选择股票时，要细心观察，多加研究。不要轻易忽视细小的变化，这种被忽略的细节很可能导致股民与最佳赚钱机会擦肩而过。

---

[1] 富春通信于 2017 年 4 月变更为富春股份。

四、OBV指标

OBV指标又被称作能量潮指标，由美国投资专家葛兰碧创建。OBV指标通过统计成交量的变动趋势来推测股价的趋势，从价格的变动以及成交量的增减关系，推测出市场多空双方的态势。能量潮指标的理论基础是"能量是因，股价是果"，即股价需要资金的支持才能不断上涨。OBV指标最大的作用就是判断股价什么时候会突破盘整的局面，以及股价突破后的方向，这对于新股民选股有着非常大的帮助。

OBV指标以"N"字形波动为统计单位，许多不同大小的"N"形波段构成了OBV指标的曲线图。在能量潮的曲线图中，一浪高于一浪的"N"形图通常被称为"上升潮"，而上升潮中的下滑则被称为"下跌潮"（图5-13）。

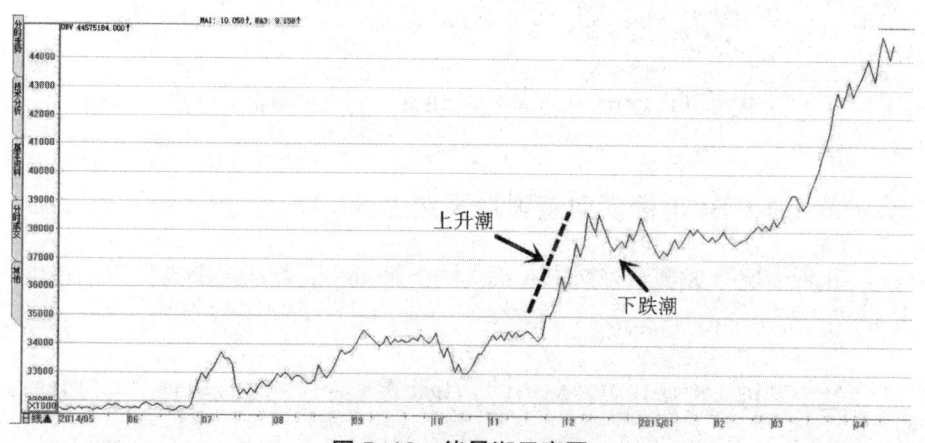

图5-13　能量潮示意图

一般情况下，新股民朋友在运用能量潮进行选股时，遇到以下三种情况，就可以选择及时跟进：①股价下降，OBV指标上升；②OBV指标横向整理后，突然上升；③股价创出新低，OBV指标却没有日时创新低。

（一）股价下降，OBV指标上升

这种情况的出现，一般意味着买盘比较有力，股价后市上涨的可能性较大。

虽然在2015年3月20日，七匹狼（股票代码：002029）收出了一根近乎十字星的小阴线，但是当时该股的OBV指标却在持续上升，随后该股开始大幅上涨（图5-14）。

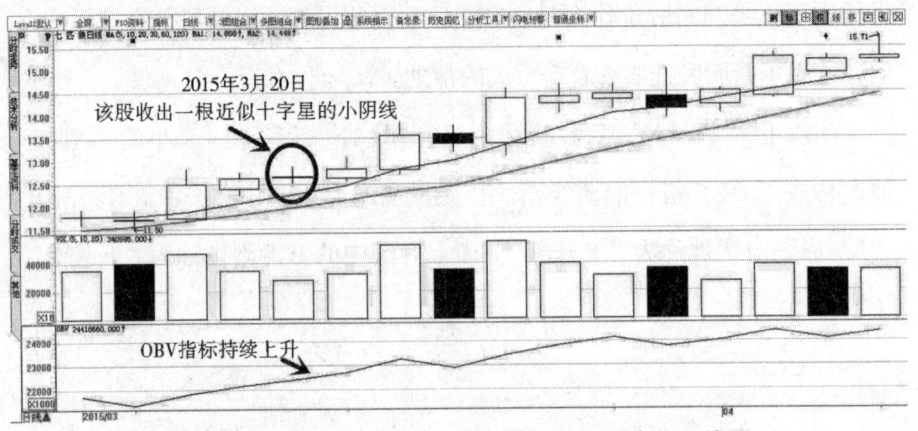

图5-14　2015年3月~2016年1月七匹狼日K线图

（二）OBV指标横向整理后突然上升

此种情况一般预示着后市有很大的上涨概率，新股民朋友可以选择性介入。

达安基因（股票代码：002030）OBV指标在底部横向整理了一段时间后，在2015年2月12日突破横向趋势，突然上升。随着OBV指标的上升，该股股价也开始不断向上走高。在该股OBV指标突破向上的时候，股价仅为22.82元，而到了3月10日，股价已经上涨至40.36元，涨幅达76.86%（如图5-15）。

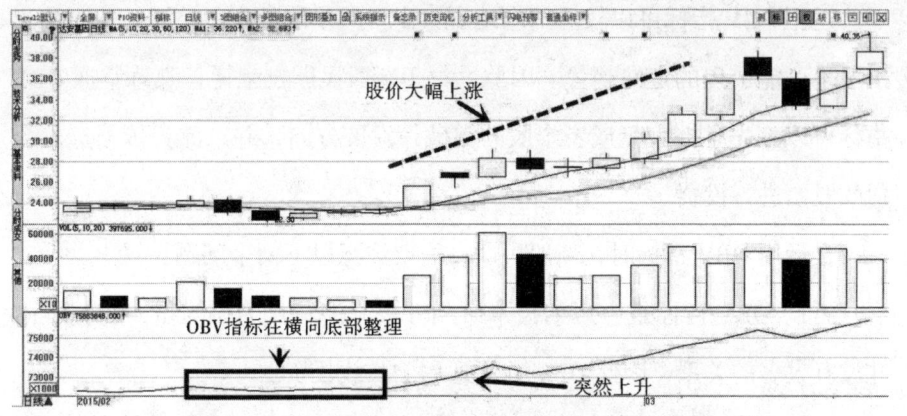

图 5-15　2015 年 2 月~3 月达安基因日 K 线图

（三）股价创出新低，OBV 指标却没有同时创新低

这种情况有些类似 MACD 指标底背离的形态，对于新股民朋友来说，也是一个非常强烈的跟进信号。

2014 年 9 月 22 日，中色股份（股票代码：000758）在经过了一段时间的下跌后，下滑到阶段性低点 11.14 元的位置，随后该股呈现继续下跌的态势，并于 10 月 23 日以 10.62 元的价格创出新低。虽然股价一底低于一底，但该股的 OBV 指标却走出了一底高于一底的态势，出现明显的背离（图 5-16）。

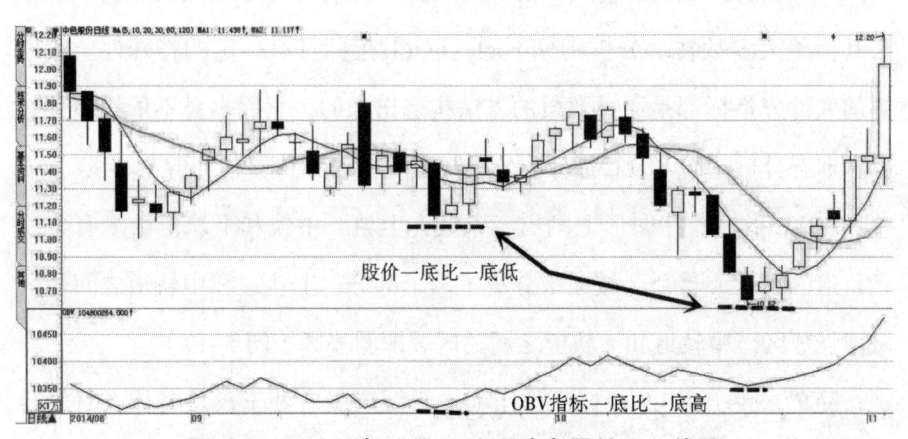

图 5-16　2014 年 8 月~10 月中色股份日 K 线图

运用 OBV 指标可以较为清晰地观察出个股量能的变化情况，从而推测出股价可能出现的走向趋势。因此，对于新股民朋友来说，熟练掌握 OBV 指标可以率先掌握大盘或者个股的突破、发展方向，并以此为依据选出合适的股票进行投资。

在运用 OBV 指标时，新股民朋友需要注意以下两个问题：

（1）OBV 指标是中短期技术研判方法，涉及点为价与量，与基本面并没有太多的关系，因此 OBV 并不适用于长线投资。

（2）如果某个交易日股市总成交值或者某一只个股的成交量极大，股价的波动也非常大，但最后加权股价指数或者个股收盘价却和前一个交易日相同，那么 OBV 指标会出现一定滞后性，这也是 OBV 指标的一个缺陷。

五、BOLL指标

BOLL 指标又被称为布林线指标，是一种非常简单、实用的分析手段。与其他绝大多数技术分析指标不同，BOLL 指标具有一定的特殊性。股市中的大部分指标都是通过数量的方法构造出来的，它们本身不依赖趋势分析和形态分析，而 BOLL 指标的分析却建立在趋势和形态分析上。

BOLL 指标需在图形上画出三条线：上轨、中轨和下轨。由于有这三条轨道的存在，整个区域又被分成了两个部分：上轨道和中轨道之间的区域即强势区，中轨道和下轨道之间的区域即弱势区（图 5-17）。

简单来说，BOLL 指标的作用就在于展现股市处于盘整时什么时候会出现下一波行情。BOLL 指标的这种功能可以让新股民朋友避免过早地将

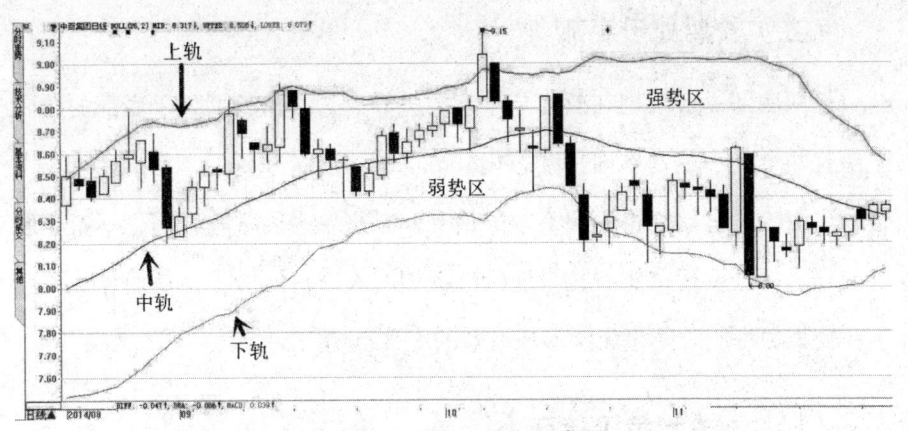

图 5-17　BOLL 指标示意图

金投入盘整期间的个股中，导致在发现更好的股票时，出现没有资金可用的局面。

BOLL 指标中的带状通道有着变异的特性，它代表着未来股市的波动范围。股价的变化会带动带状通道变化。新股民朋友可以利用 BOLL 指标开口的大小来进行判断。BOLL 指标开口逐渐变小代表着股价的跌涨幅度变小，股价会由于多空双方力量逐渐平衡而选择突破方向，开口越小，突破力度就越大。

如果 BOLL 指标在满足开口小的条件下，又能同时满足以下的三个条件，那么新股民朋友就可以跟进了：基本面良好，长期处于底部，在支撑位上运行。

（一）基本面良好

所谓基本面良好是公司基本情况处于较为良好的态势，包括公司经营理念策略、公司经营业绩等。

（二）长期处于底部

长期底部一般出现在熊市与牛市的边界点。股价长期处于底部的原因主要有两个：一是基本面持续恶化，市场关注度越来越低，得不到市场资金的注入，股价始终得不到有效的抬升；二是主力因某种原因，不希望股价上升，一旦发现多头有拉升股价的欲望就大肆打压股价，从而导致了股价在较长的一段时间里无法形成有效的上涨行情。

（三）在支撑位上运行

自2015年3月11日开始，万方发展[1]（股票代码：000638）的股价在底部运行了一段时间后，BOLL指标开口开始逐渐变小，同时MACD指标形成"拒绝死叉"形态，出现了较为典型的买进信号。新股民朋友如果对BOLL指标有足够的了解，及时买进该股，那么就能吃到一段较大的上涨行情（图5-18）。

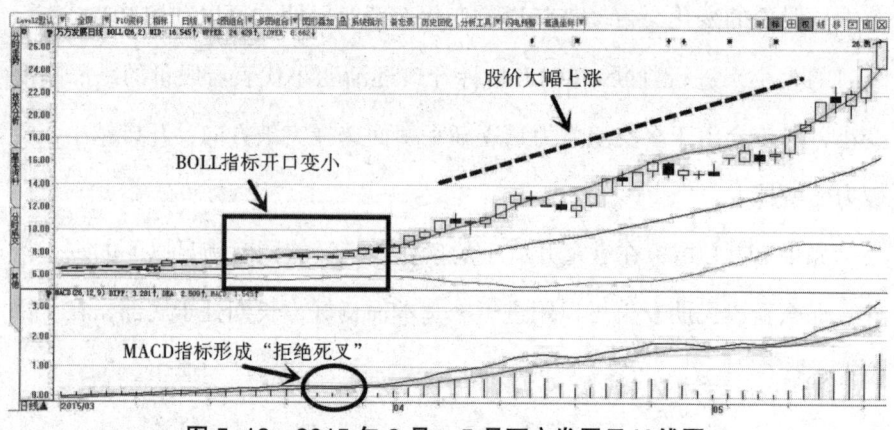

图5-18 2015年3月~5月万方发展日K线图

BOLL指标对短线波动的把握比较高，但是对中线的突破方向并不是十分明确。因此，只有新股民朋友结合其他技术指标，进行综合分析，这

---

[1] 现为ST万方。

样得出的结论才具有更高的准确性。

六、成交量

股票成交量是股票买卖双方达成交易的数量，单位是手，1手等于100股。成交量是用条形实体表示的，在K线图中，根据价格的属性不同，颜色也不同。如果当天的开盘价高于收盘价，那么成交量柱体的颜色为黑色，相反为白色（图5-19）。

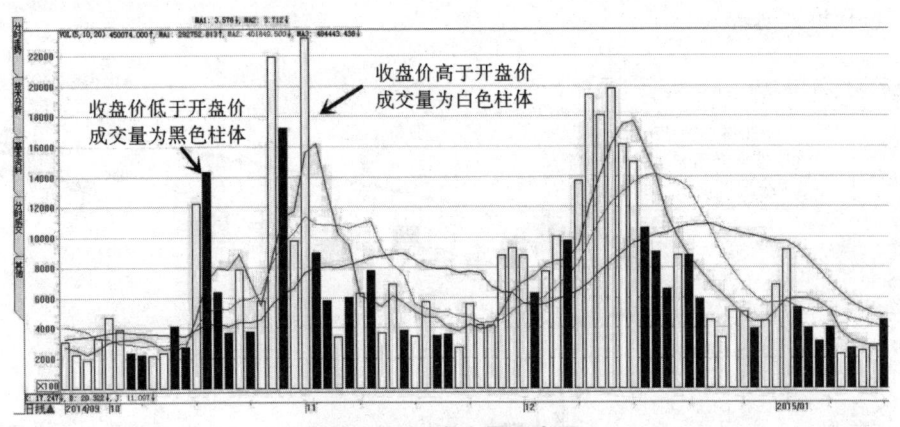

图5-19 成交量示意图

成交量是判断股票走势的重要依据，它反映了资金进出市场的情况。新股民朋友可以通过成交量的如下三种变化情况，来选择有投资价值的股票：上涨突然放量，缩量涨停，整理之后底部放量。

（一）上涨突然放量

如果一只股票在经过一段上涨行情后，成交量突然放大，并且在此之后，股价呈现出迅速下跌的情况，但是之后又被快速拉起，在K线走势图上留下了一根带有下影线的阳线实体，新股民朋友可以将这种情况视为一种买进信号。因为在这样的单根K线形态出现后，后市往往会出现一段上涨行情。

中钢天源（股票代码：002057）在经历了小幅上涨后，在2014年10月31日被大力打压，股价出现了下滑，但是随后又被多方强势拉起，股价被迅速拉高，在K线图上形成了一根带有下影线的阳线并且伴随有成交量放大的现象。一般情况下，这样的现象预示着后市将会出现一段上涨行情。从图5-20中可以看到，从2014年10月31日起，该股就开始持续走高，虽然在走高的过程中出现了短时间的横盘，但是整体上涨趋势却没有改变。

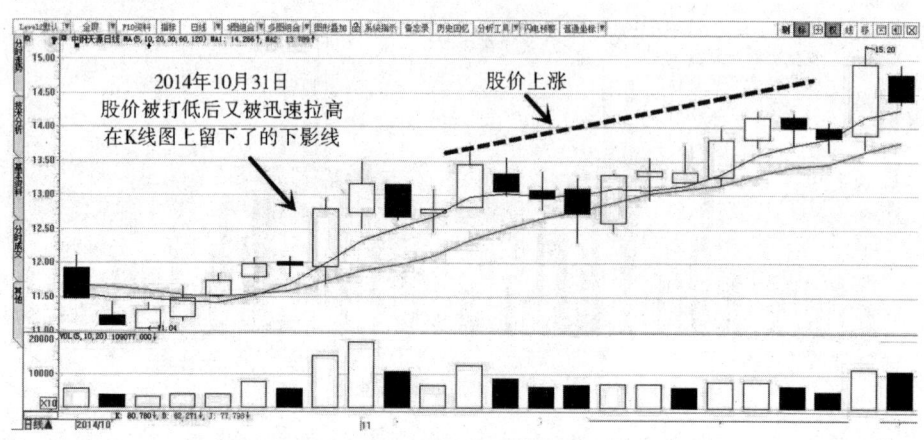

图5-20　2014年10月～11月中钢天源日K线图

（二）缩量涨停

缩量是指某一个交易日比前一个交易日或者前一段时间的交易量出现明显减少的现象。缩量同放量一样是一种相对的概念，通常量比在0.5倍以下即为缩量（图5-21）。

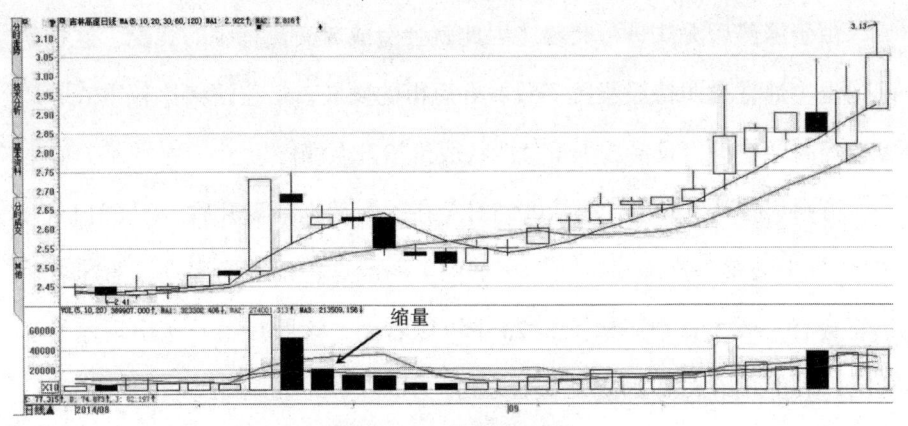

图 5-21 缩量示意图

缩量涨停通常意味着股价在上涨或者洗盘过后，即将启动新一段行情。一般来说，在缩量涨停后，后市都出现一波比较大的行情，尤其是对一开盘就涨停或者 ST 类股票来说，后市会出现巨大的涨幅。

2015 年 4 月 29 日，经过了一段时间小幅上涨的 *ST 美利（股票代码：000815）突然出现了缩量涨停现象，此时该股的最低价为 18.44 元。在出现缩量涨停之后，该股就开始大幅高走，呈现出一种暴涨走势，截至 5 月 18 日该股最高价已经达到了 31.15 元，相较于缩量涨停出现时的股价，涨幅达 68.93%（图 5-22）。

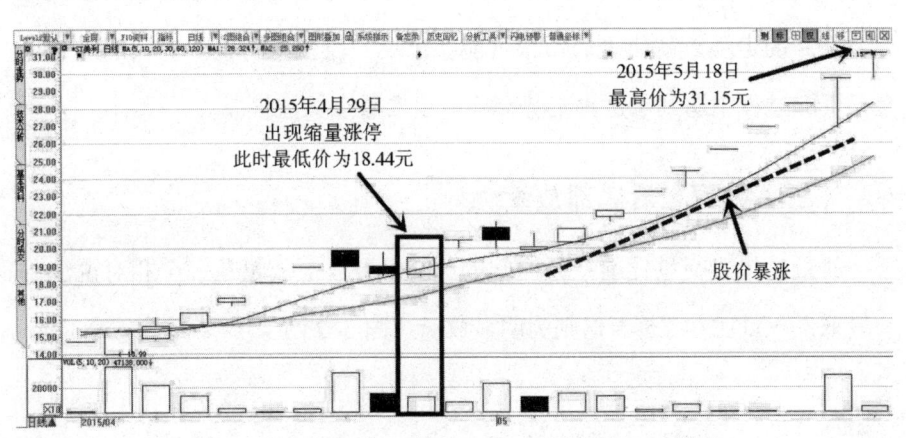

图 5-22　2015 年 4 月～5 月 *ST 美利日 K 线图

由于涨停后无法进行交易，因此就会造成成交量稀少的状况。这种状况的发生通常说明持股股民一致看好后市的发展，惜售情绪比较重或者庄家已经高度控盘，只要放少量就能将股价抬升至涨停板。

万昌科技❶（股票代码：002581）在不断地小幅盘升后，于2014年8月21日出现第一次缩量"一"字涨停。一般这种情况的出现，意味着后市将会有一波大行情。从图5-23中可以看到，该股在第一次出现缩量涨停后，股价开始大幅上涨，并且以涨停为上涨时的主基调。

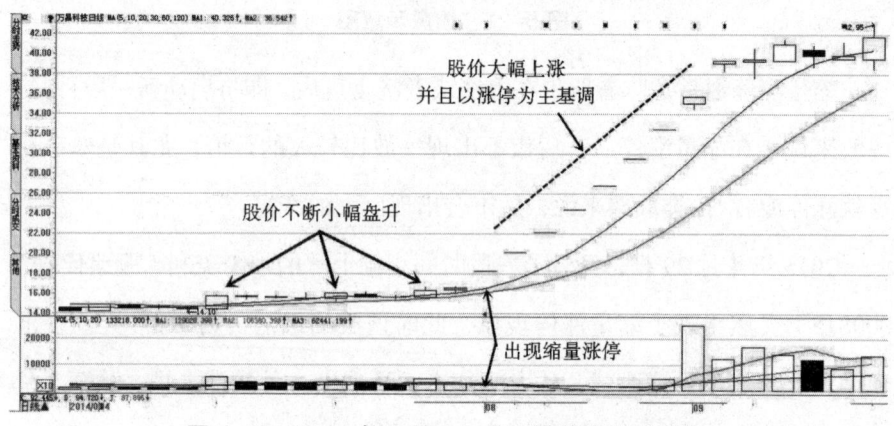

图5-23　2014年7月~9月万昌科技日K线图

不管股价是在不断攀升的过程中，还是在盘整的过程中，只要形成了缩量涨停的走势，就代表后市很可能会出现一段上涨行情。股民朋友如果在投资的过程中遇到了这种走势，就一定要重点关注该股。

（三）整理之后底部放量

放量是指成交量比前一段时间的成交量要大。放量是一个相对说法，一般来说，量比在2.5~5倍则为明显放量（图5-24）。

---

❶ 万昌科技于2015年10月21日起更名为未名医药。

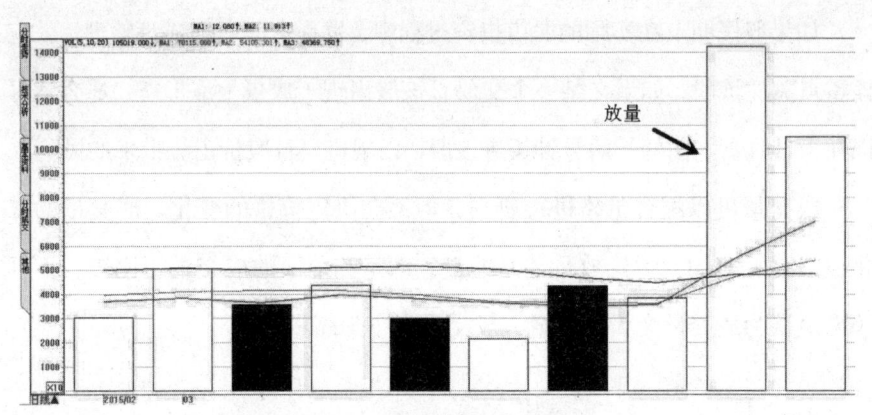

图 5-24　放量示意图

通常来说，整理之后放量的出现，意味着股价即将上涨。这种走势说明庄家在经过了一段时间的底部吸筹后，盘面的大部分筹码已经被其锁定，虽然此时筹码的集中度比较高，但由于正逢庄家在推动股价突破原来的低迷走势的时候，成交量就会形成放量，同时，股价也随着成交量的放大而上涨，形成放量上涨的现象。

安诺其（股票代码：300067）在经过了一段时间的底部横盘后，于 2015 年 1 月 20 日在成交量明显放大的同时，股价大幅上涨的放量上涨态势，再结合之前的底部横盘整理来分析，该股已经形成了底部整理后放量上涨的形态，后市将会出现一波上涨行情。如果新股民朋友能够观察到这点，那么就能在后市吃到一波上涨行情（图 5-25）。

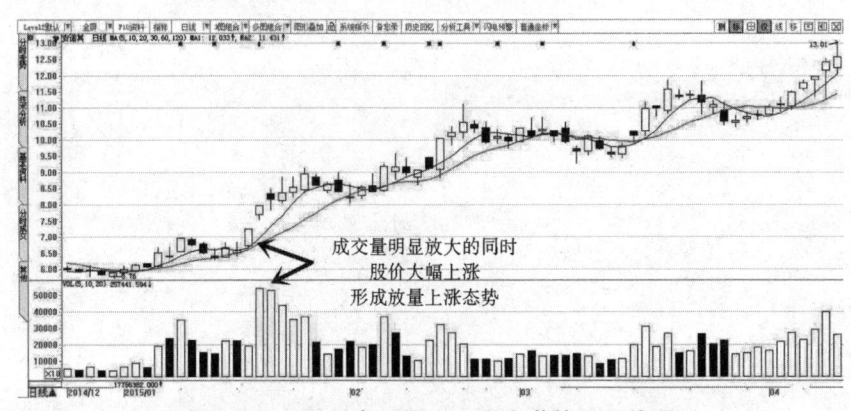

图 5-25　2015 年 1 月～4 月安诺其日 K 线图

如果股民朋友在实际的股市投资过程中，发现个股底部横盘整理，就应该重点关注该股，如果在某一个交易日该股出现了放量上涨形态，那么就可以在当日收盘之前的一两分钟买进该股，以规避当日股价走势带来的风险。

成交量可以配合价格进行研判，但不会决定价格的变化。成交量的变化也只是相对的，无论放量还是缩量，都是和前面的成交量相比较。不可片面地认为成交量变大是放量，成交量变小是缩量。

第六章 ◉ 透过"高送转"选牛股

高送转概念,是股票市场中经常被用来炒作的热门题材。高送转的实质是股东权益结构的内部调整,既表明了企业对自身业绩的持续增长的信心,也方便了企业利用丰厚的分红方案来增加股民的信心,推动股价上涨。若能及时关注高送转类股票,并在适当时机购入,股民朋友将会获得丰厚报酬。

一、高送转的投资价值

高送转作为一种炒作题材，比较常见于牛市时期，此时更容易受到股民的追捧。公司实施高送转方案时，股价作除权处理。投资者手中的股票数量增加，但股价也作出相应的调整，所以投资者手中持有股票的总价值是不变的，也就是说公司股东权益并未因此而增加，与公司的盈利能力并无实质性的关联。

什么是高送转呢？是指送红股或者转增股票的比配很大。其实质是股东权益的内部结构调整，对净资产收益率没有影响，这可以简单地理解为：将原来 100 元一只的股票，换成 10 元的 10 只股票，数量变多，但总体价值是不变的。有一些上市公司甚至会派发现金分红。这是中国股票市场中一个经久不衰的热门题材，处于高送转方案公布前期的股票更加受到追捧。

太平洋（股票代码：601099）是在中国证监会和云南省人民政府的大力支持下，为化解原云南证券有限责任公司风险而设立的全国性综合类证券公司。该公司在 5 个月的时间内圆满完成了对高风险证券公司的市场化托管，为证券市场和社会的稳定作出了积极的贡献，受到了国务院相关领导和中国证监会、云南省政府的高度评价。

据 2014 年 8 月 4 日太平洋发布的公告显示，该公司拟定以未分配利润向全体股东实施每 10 股转增 5 股分配方案。在发布该消息后，该股先是进行小幅回落调整，随后便开始上涨。随着时间的推移，该股的涨幅也越来越大（图 6-1）。

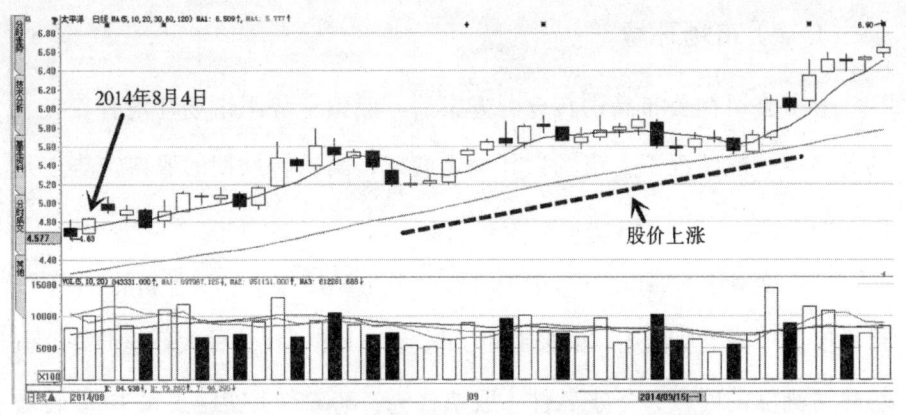

图6-1　2014年8月~10月太平洋日K线图

又如，在2014年6月19日晚间，菲达环保（股票代码：600526）发布公告，将执行每10股转增10股，派发现金1元的方案。在除权后，受到高送转的刺激，该股价开始不断上涨。2014年6月20日，该股最低价仅为8.40元；但是在经过上涨之后，该股于2015年5月27日达到29.85元的高位，其间涨幅达255.36%。之所以会出现这样的现象，与其自身良好的基本面与派发现金行为密不可分（图6-2）。

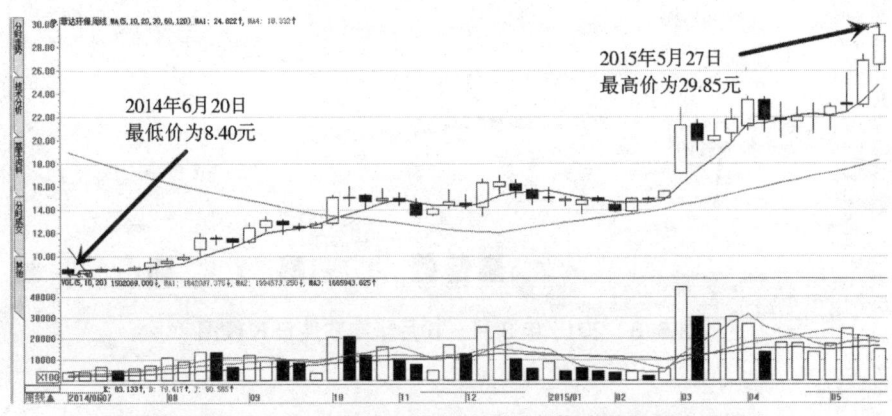

图6-2　2014年6月~2015年5月菲达环保周K线图

我国股票市场历年的高送转股票有很多，对于这些股票进行需要归纳整理。

（一）市场环境

上市公司在公布高送转分配方案后，股票走势跟市场环境有着极大的关系。一般情况下，市场大环境走向好，高送转预期的股票走势也是向上的。

在连续多年的熊市之后，中国股市终于在2015年又迎来了新的"牛年"，市场投资环境也从低迷、消极走向了积极、狂热。在这种大环境向好，市场热情高涨的时候，华宇软件（股票代码：300271）实施了每10股转增10股派发现金1元的方案。这样的发配方案不但说明其资金十分充裕，也说明了相关上市公司对未来发展的信心，因此，该股在实行高送转方案的同时，也给了股民极大的信心，股价也随之不断上涨。从图6-3中可以看到，2015年5月4日，该股最低价仅为31.69元。在市场资金不断注入的情况下，该股价格一路高涨至71.97元的位置，涨幅达127.11%。

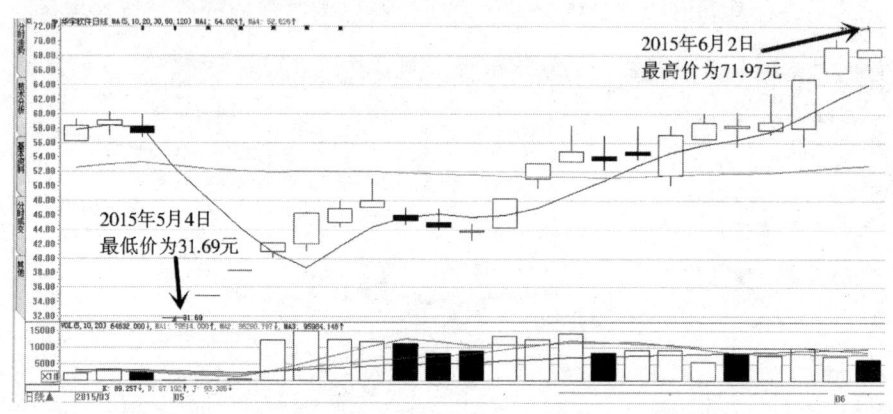

图6-3　2015年3月~6月华宇软件日K线图

（二）高送转企业特点

（1）较大的股本扩张需求。根据股市历年数据分析可知，基本上，上市公司大幅扩大股本的主要方式是资本公积金转增股本。由于资本公积金转增股本不属于利润分配的范畴，股民不必交纳20%的所得税；因此上市公司转增股本行为可以体现出股本扩张的需求，转增比例越大，则证明这种需求越强。而以当年利润、盈利公积金或者未分配利润送股属于利润分配，则需要交纳20%的所得税。

（2）企业盈利能力强且经营状况稳定。企业股票高送转的前提是企业盈利能力强且经营状况稳定，成长性较高。在中国的股市中，实施过高送转的企业，大部分都表现出了盈利能力强、经营状况稳定的特点。通常每股经营现金流可以作为评定企业能力强弱以及经营状况的一个重要指标。

（3）"三高"。"三高"指的是高未分配利润、高公积金以及高净资产。高未分配利润意味着上市公司分红送股潜力比较高，高公积金是高比例转增股本的重要前提。净资产的主要组成部分就是未分配利润和资本公积金。因此，高净资产也是高送转股票的一大前提。

（4）总股本比较小、股价比较高。从转送前总股本分布情况来看，初期总股本小于或者等于4亿股的上市公司，在实施高送转这一措施的上市公司中，占据着80%以上的比例。通过高送转扩张股本的预期表现更为强烈，大多是具有高成长性的中小盘股。

双成药业（股票代码：002693）是一家成立于2000年，以化学合成多肽药品为特色的年轻的高科技企业，专业从事药品研发、生产和销售的上市公司。该公司拥有丰富的化学合成多肽药物研发、注册申报、生产和市场营销经验并且还拥有一个符合中国GMP要求的固体制剂生产车间。2015年3月4日晚间，双成药业实施10股转增5股派发1元现金的方案。由于该股流通股总数仅为2亿股左右，属于中小盘股范畴，因此即使只进行了小额现金派发，依旧可以通过低价格吸引股民买进，股价也就随之升高。截至 2015 年 4 月 27 日，该股最高价格已经上涨至 15.28 元，相较于进行除权操作时的最低价 10.07 元，上涨幅度达 51.74%（图 6-4）。

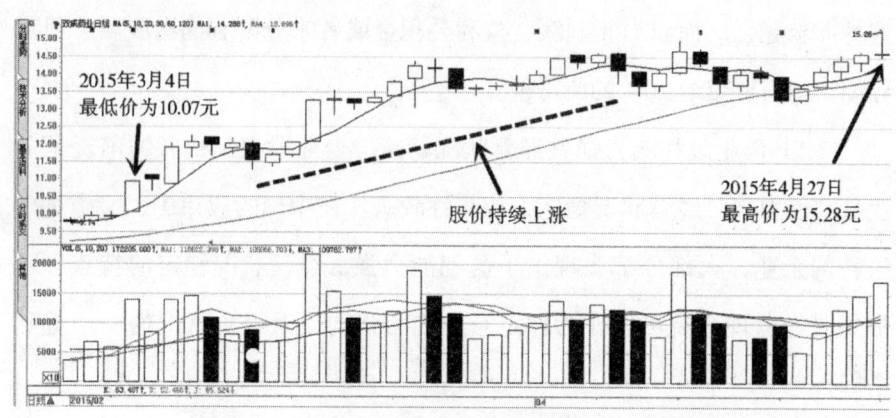

图 6-4 2015 年 3 月~4 月双成药业 K 日线图

一般高送转的企业都有着雄厚的实力并且其所属行业发展也稳定健康。股民朋友们在判断的时候，要结合这家企业的经济基本面和行业基本面，综合判断。

二、"抢权"与"填权"

股票除权的前夕和后续，离不开抢权行情和填权行情。股民朋友们在这段时期内抓准时机，便可获得不可思议的回报。

（一）抢权

股票在除权前夕，由于要送股、配股，股价大幅飙升，这一现象被称为抢权。

在即将除权之前，股票价格处于大盘上升阶段或者从大盘底部开始上行，市场资金普遍看好后市的走势，就有大量股民买入，导致股票价格在除权前出现大幅上涨的情况。

达安基因（股票代码：002030）是一家主要以研究体外诊断试剂及生物制品、保健食品、医疗设备为营业务的上市公司。2014年6月20日，该股最低价为17.68元。在该股距离除权日越来越近的时候，发生了除权前的抢权现象，最高价达到25.62元，上涨了44.91%（图6-5）。

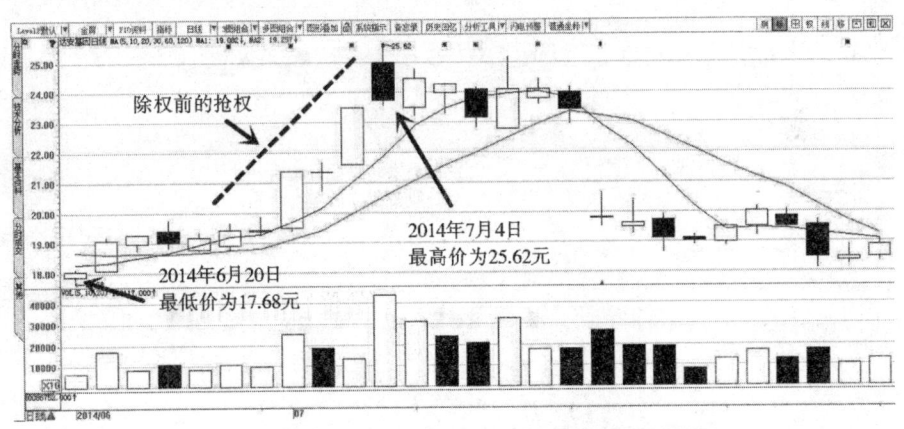

图6-5　2014年6月~7月达安基因日K线图

新股民朋友能够把握抢权时机，就等于为自己增加了获利的机会。那么如何抓住抢权阶段的合适时机来介入呢？

（1）高送转消息公布后的抢权。一些上市公司在高送转方案公布后，其股价可能会一路飙升，也有可能当日高开低走，前者可以让第一时间抢权成功的股民获利，后者则会让意图抢权的股民被套上一段时间。所以，新股民朋友一定要认识到股市上没有绝对事件，在选择介入的时机时，要对大盘和个股进行分析，对于当日高开低走的高转送应该采取暂时观望的策略，莫要急于进入。

浩宁达[1]（股票代码：002356）于3月27日晚间发布年报高送转预案：公司2014年度拟向全体股东每10股转增20股及派现1.5元。在发布了高送转分配方案后，其股价在除权之后并没有如众多股民预期一般大幅上涨，反而是不断走低，如果股民朋友因为一时的贪念冲动买进该股，那么就不得不承担被套高位的后果（图6-6）。

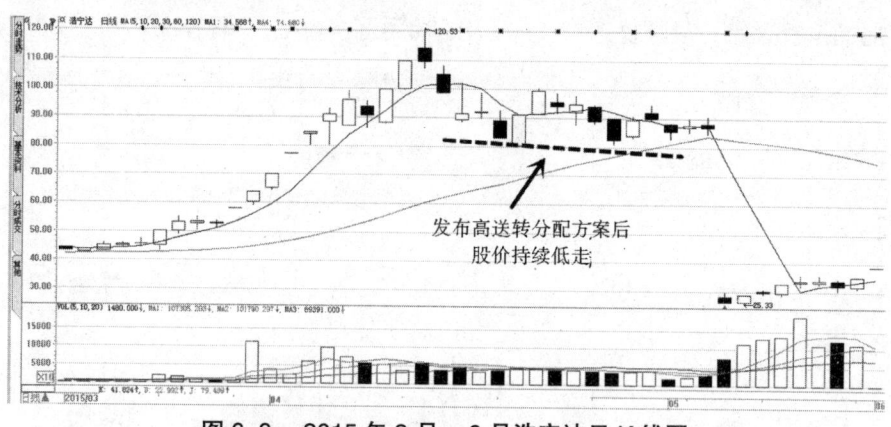

图6-6　2015年3月～6月浩宁达日K线图

（2）股东大会前的抢权。股东大会是一个信号，一个上市公司想要通过高送转，必须在股东大会上表决通过才能实施。因此，很多高送转消息公布的一段时间内表现一般，却在股东大会临近时，股价一路飞涨。

（3）抢权的时机。最大化降低落入抢权圈套的时机，多在高送转消息明确或者送转日临近的时候。

（4）防范抢权圈套。一些具有高送转资质的上市公司，由于某种原因为实施高送转或实施方案比市场预期低，或者实施的送转方案根本不具有吸引力，那么这些上市公司在公布了财务报表后，其股价往往会出现大幅下跌。

2014年4月9日，奥马电器（股票代码：002668）披露了2014年年报。

---

[1] 浩宁达于2016年5月24日起变更为赫美集团。

根据年报显示，该公司2014年度利润分配预案为每10股派现2.80元，不送股也不转增股本。而到了10月23日，一则关于奥马电器高送转预案撤销的公告被公布出来，这一公告的发出，直接导致了高送转预期的破灭。在公告发布的当日，该股跌幅就达到了9.27%，可谓是"成也送转，败也送转"（图6-7）。

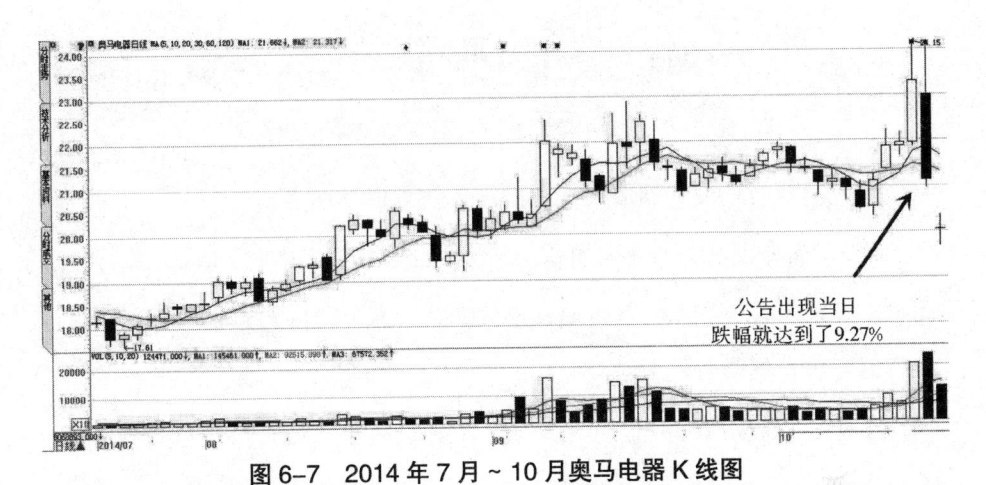

图6-7　2014年7月~10月奥马电器K线图

（二）填权

股票除权后价格持续上涨，称为填权。股票价格在除权后上涨，并回到除权之前的价格，也称为填满权。

股票除权后的价格上涨，甚至超过了之前的价格，叫作"完美填权"。

2014年5月15日，润和软件（股票代码：300339）除权前股价为21.58元，除权顺利进行后，该股价格开始一路上涨，并且在9月1日涨至21.21元，股价基本回归到除权前的价格，也就是形成了"填权"现象（图6-8）。

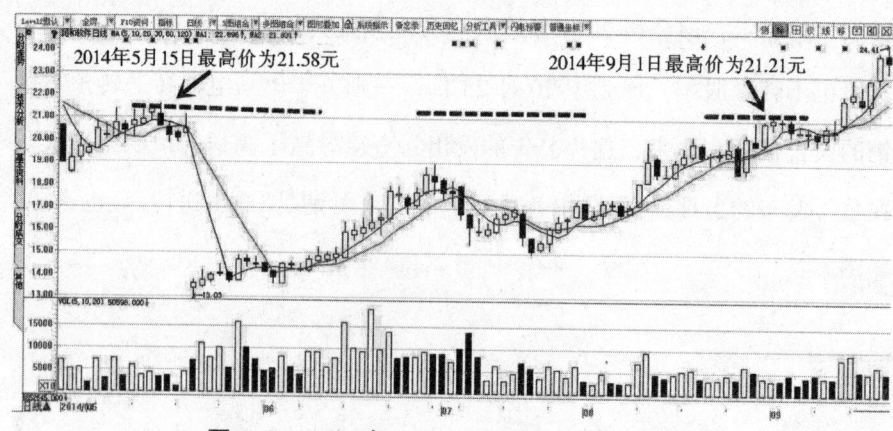

图 6-8　2014 年 5 月～9 月润和软件 K 线图

研究填权行情时，新股民朋友们需要注意以下两点：

（1）关注期初总股本较小，且具有连续送转能力的股票。往往会有游资大量注入此类股票，股价通常也会随之上涨。若再配合业绩向数预期，除权后股价自然会大幅上涨。

（2）对除权前的股价重点关注。若其没有被大幅炒高，且抢权期间表现较为平淡的个股，往往在除权之后会有相对较高的上涨幅度。

抢权行为和填权行为获利虽大，风险也大。股票在除权前就被资金市场看好，且成交量明显增加的股票，除权后则有可能出现大幅下跌。

三、小盘股容易高送转

通过对股市历史数据的纵向比较，可以总结出如下规律：通常在高送转除权的前期，当前股票价格比 30 元高，中报或者年报业绩预期增长 30%以上、总股本在 2 亿股以内，每股资本公积金和每股未分配利润超过 2 元的创业板或者中小板股票，往往具有比较大的高送转潜力。

中小板和创业板。因其具有高成长性和题材多的特点，容易受到市场关注，可以引发更多的投资机会。

中小板和创业板板块内公司的总股本小、经营业绩好、成长前景好，所以中小板和创业板股票具有天生成为高送转股票的优势。这类上市公司股票高价发行后，企业的公积金增加，扩张能力变强，更加吸引了市场的关注度。

北京君正（股票代码：300223）是一家集研发、设计、委托加工、销售半导体集成电路芯片以及计算机软硬件及计算机网络软硬件产品的设计、开发、销售的上市公司。截至2015年5月，该股流通股数约为0.98亿股，属于小盘股范畴，在优良的基本面支持下，该股资金积累不断扩大，有着极高的高送转预期。2015年3月27日晚间，该公司发布2014年年度报告，其中提及公司2014年度利润分配预案为：以2014年12月31日的公司总股本104 000 000股为基数，以资本公积金向全体股东每10股转增6股。2015年5月4日，该公司执行除权操作，高送转预期达成（图6-9）。

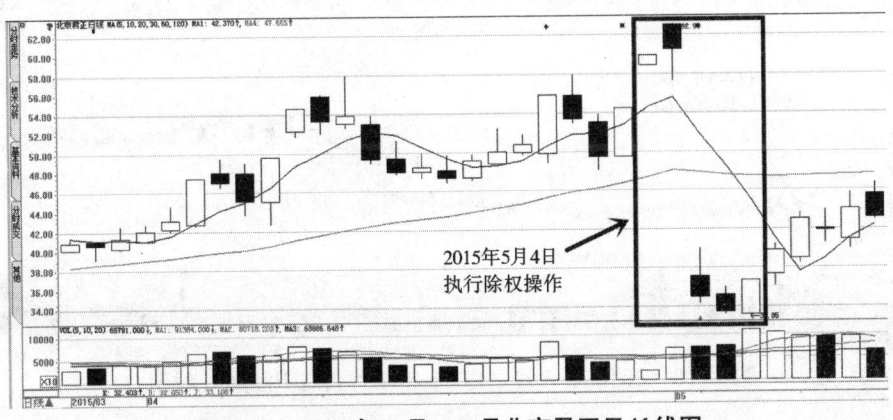

图6-9　2015年3月～5月北京君正日K线图

新股民朋友们在实际操作中，可以从小盘股高送转预期比较强的特点去挑选具有高送转预期的上市公司。

（一）上市时间短

最佳上市时间在 1~2 年的次新类小盘股公司。此类型公司拥有先进的管理和产销对路的特点，在短期内业绩集中爆发。这样的公司，发生高送转的概率要比一般上市公司大。

2012年3月30日首航节能[1]（股票代码：002665）发行上市，在经过一段发展后，截至2013年3月，该股的总股本达到1.3亿股，结合其上市时间来看，可以将它归类于次新类小盘股。经过一段时间的发展，首航节能在2013年5月3日首次实施10股送10股，派发现金2.97元的分配方案。高额的现金派发在宣告其发展信心的同时，也给股民打了一针兴奋剂。自方案发布，进行除权操作以来，该股就不断发力上攻。2013年5月3日，该股股价最高还只是16.60元，而到了2015年4月17日，该股股价已经上涨至79.50元的高位，其间涨幅高达378.92%（图6-10）。

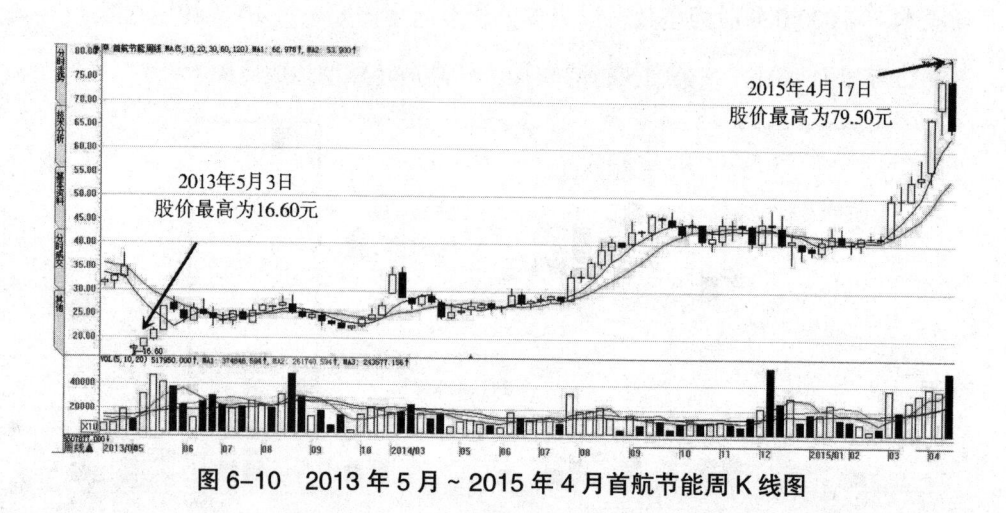

图6-10　2013年5月~2015年4月首航节能周K线图

---

[1] 首航节能于2019年9月更名为首航高科。

（二）行业好

从属国家扶持行业的上市公司，有着广阔的成长前景。这样给行业一般是高速成长的战略新兴产业，如信息科技、生物制药、新能源等行业。

新开普（股票代码：300248）是一家专业致力于开发智能卡及以 RFID 技术为基础为各行业提供应用解决方案的上市公司，处于信息科技领域。2014 年 5 月 19 日，新开普公司实施 10 股送 6 股，派发现金 1 元的方案。在这种转股刺激以及基本面的支持下，其股价一直处于稳定上涨的趋势中。2014 年 5 月 19 日进行除权后，该股股价最高仅为 12.90 元，而到了 2015 年 3 月 4 日，股价最高已经上涨至 49.20 元，涨幅高达 281.40%（图 6-11）。

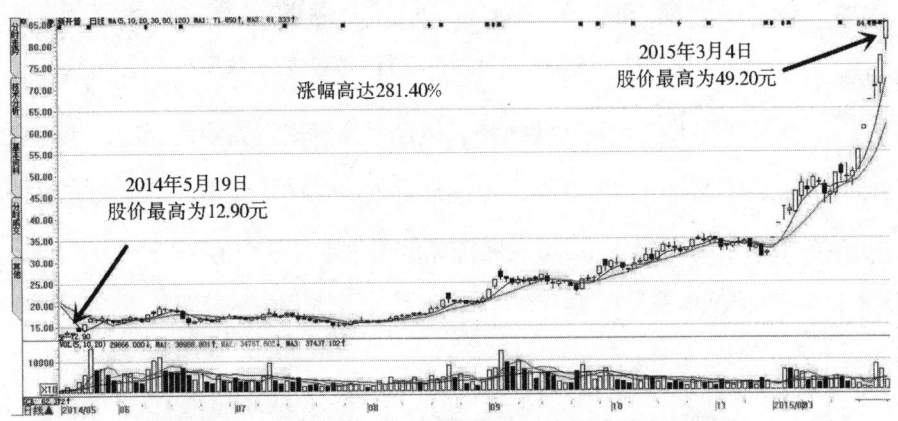

图 6-11　2014 年 5 月～2015 年 3 月新开普日 K 线图

（三）股本小

选择的上市公司股本要小，一般在 2 亿股以内为佳，这样的上市公司往往具有持续高送转的基础。

京能电力（股票代码：600578）是一家致力发展电力能源的上市公司，该公司曾先后被授予全国电力优秀企业等荣誉称号。截至 2013 年末，该上市公司总流通股本仅为 1.35 亿股。2014 年 8 月 19 日，该上市公司实施

10股派发现金2元方案,虽然其股价在进行除权操作后回落到一个相对较低的位置,但是在除权过后,该股就开始大幅上涨,并且在较短的时间内就超越除权前的高点(图6-12)。

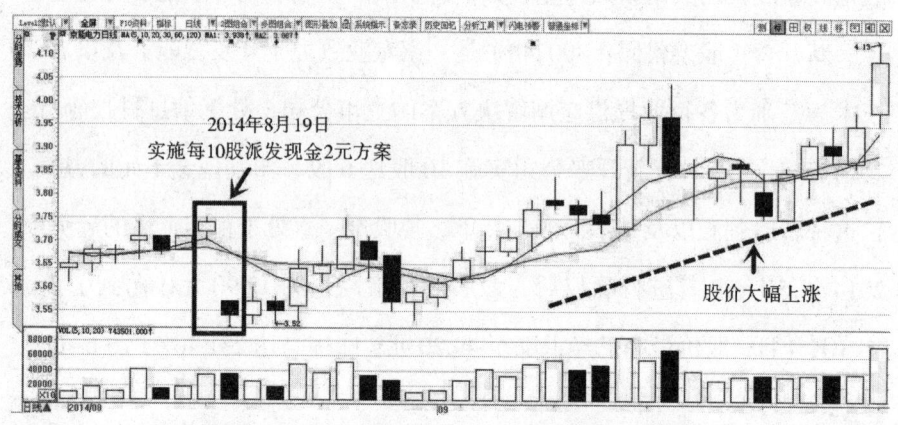

图6-12　2014年8月~9月京能电力K线图

小盘股拥有天生的高送转优势,但也要注意规避其中的风险。小盘股的特点在于总股本小,但这类企业的经营情况也往往经不起推敲。有时即使这类股票出现高送转,后市发展情况也不一定是乐观的。

四、高送转有风险

经营业绩良好且成长性高的企业的股票,在高送转除权后,通常股价会大幅上涨,但并不是所有的股票在高送转除权后,股价都会上涨。新股民朋友不要觉得任何高送转股票除权后,该股价格就会大涨。也有一些个别的股票在高送转除权后,股价大跌。

有时股票经过高送转除权后,留下了除权缺口,这给股民朋友留下了"填权想象"的空间。若这种"填权想象"被主力加以利用,则除权缺口就会成为陷阱。主力不断利用股价除权后的低价制造技术指标上的完美，诱惑股民朋友不断买入，最后套牢在"填权想象"中。

2015年5月4日，隆基股份（股票代码：601012）实施10股转15股送5股派1元方案。在经过高送转除权后，其股价非但没有向上高走，反而还呈现出走势低迷的态势。因此，新股民朋友需要注意的是，并不是每一次高送转都代表着股价的上涨，高送转后股价也有长时间处于低迷态势的可能（图6-13）。

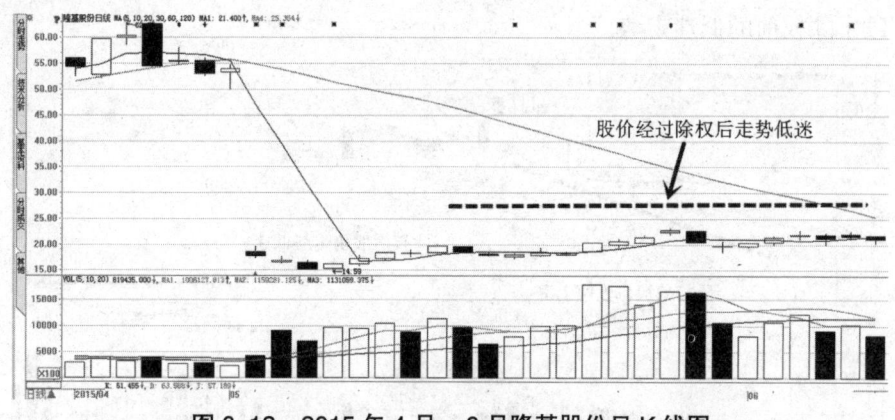

图6-13　2015年4月~6月隆基股份日K线图

股票高送转除权后股价下跌只是少数情况，但不表示不会发生。导致股票高送转除权后股价下跌有以下两个方面的原因：股价严重透支和高送转财务游戏。

（一）股价严重透支

对于很多高送转的上市公司来说，除权之前的大涨甚至是暴涨已经透支了其业绩。这对于盲目追高的新股民来说，这正是产生巨大风险的原因。而且股市中的一些内幕交易或者人为操控，更容易加大这种风险对新股民的危害。

所以，新股民朋友在面对高送转预案时，一定要对上市公司的成长性、经营业绩进行综合性分析。积极关注有业绩、成长性支撑的高送转上市公司；警惕缺乏基本面支持，又空谈高送转的上市公司。

2015年5月6日，东阳光科（股票代码：600673）实施10送1转增15股派0.8元分配方案。在该股进行除权操作前，由于股民热情高涨，致使股价大幅上涨，严重透支了该股的企业业绩。从图6-14中可以看到，当该股在大幅上涨后，股价又突然大幅下跌，即使是在除权后股价依旧延续了除权前的低迷走势。

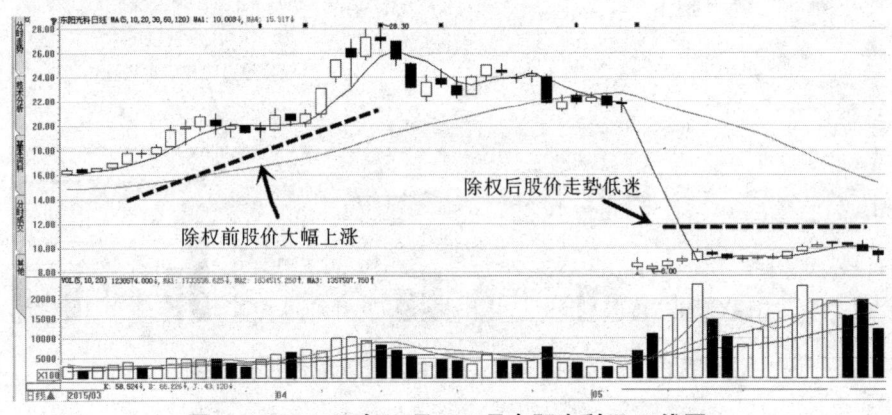

图6-14　2015年3月~5月东阳光科日K线图

（二）高送转财务游戏

根据历年的数据分析得出，多由创业板和中小板的上市公司推出高送转。这些上市公司普遍具有"三高"特点，即高发行价、高股价、高市盈率；又多是上市后的首次分红，历史积累的利润和超募资金大幅增强了其高送转的能力。不管是送股还是转增，都不会给上市公司的财务带来太大的影响。这其实对于股民并没有什么利润，只是持股数量变化，股民想要获得盈利只能期待后市的填权行为。尴尬的是，没人知道后市走向如何，股民朋友还需谨慎判断。因此，对于股民朋友来说，具有"三高"特性的上市公司发布的高送转，其实不过是企业所主持的一场账务游戏，当股民"玩"的不亦乐乎时，上市公司却在大量吸纳资金，而终究能有多少股民受益于这场游戏，却是个未知数。

2014年9月26日，辉煌科技（股票代码：002296）实施每10股转增7股方案。虽该股进行了高送转分配方案，也执行了相应的除权操作，但是由于其基本面较差，在除权后股价依旧低迷，此时的高送转只能说是上市公司的一种财务游戏罢了，根本无法给股民带来相应的利益（图6-15）。

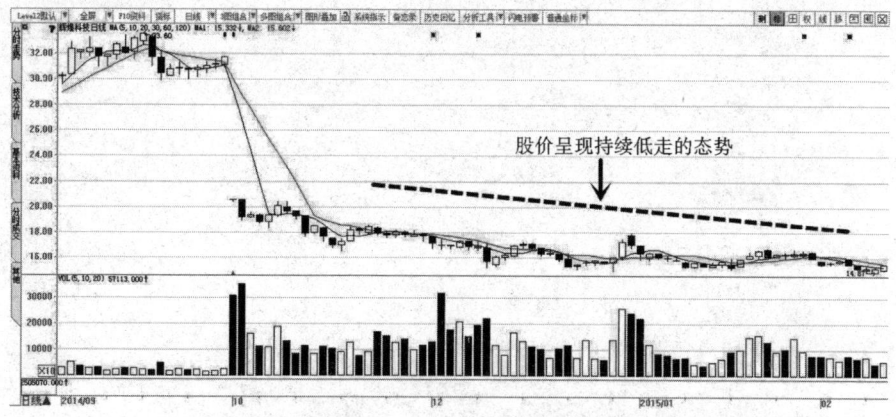

图6-15　2014年9月~2015年2月辉煌科技日K线图

高送转股票吸引着全市场投资者的目光，新股民朋友会注意到，主力更会关注到。高收益也伴随高风险。新股民朋友要谨慎看待此类股票，不要贪图利益而盲目地去追随。

第七章 ◉ 透过成长性选牛股

成长性决定了上市公司未来的盈利能力和成长潜力，也决定了一只股票价格的想象空间。成长性好，公司未来的盈利能力和发展前景就会好，随之而来投资者的预期、信心和投资热情就会提升，这种情况下股票价格自然水涨船高。在股市中，大牛股主要就是靠上市公司的内在成长性来推动的。因此，新股民朋友要慧眼识珠，找到那些成长性良好的上市公司，擒住大牛股。

一、核心竞争力

企业的核心竞争力决定了企业的内在价值,而企业的内在价值则决定了股价是否还有上涨的动力。对于企业来说,核心竞争力是企业的最大竞争优势,是长久以来形成的支撑企业过去、现在和未来的竞争优势。

在股市中,企业一旦具有了出众的核心竞争能力,那么不仅会提升股票的内在价值和发展空间,而且能直接提升投资者的投资热情和投资信心。因此伴随核心竞争力而来的经常就是超额的炒股收益。而那些"一年优、两年平、三年亏"的企业,由于缺乏核心竞争力,随着炒作热情的退却,给股民朋友带来的很可能只是亏损而不是收益。

格力电器(股票代码:000651)是一家集研发、生产、销售、服务于一体的国有控股家电企业。该企业连续9年上榜美国《财富》杂志"中国上市公司100强",其旗下的"格力"品牌空调,是中国空调业唯一的"世界名牌"产品,业务遍及全球100多个国家和地区。

格力电器公司始终把自主知识产权作为企业发展之重,在不断开展资本经营和对外投资的同时,增强自身的创新与核心科技研发能力。在具有较高核心竞争力的推动下,其股价也从2011年12月16日的最低价13.16元上涨至2015年4月30日的最高价61.45元,其间涨幅高达366.95%(图7-1)。

图 7-1　2011 年 12 月～2015 年 5 月格力电器周 K 线图

对于新股民朋友来说，具有核心竞争力的企业是选股时的最优选择。除了上文提到的核心竞争力在提升公司成长潜力和盈利水平方面的作用外，核心竞争力还能促使股价上涨的速度更快、更迅猛。因此，在股市操作中，企业的核心竞争力的发展变化，对于新股民朋友的投资行为具有非常重要的引导作用。

此外，凭借核心竞争力，优质的上市公司通常可以为自己找到利润可观的、别人进入不了或者需要很长一段时间才能进入的独特性的市场，甚至是以完全有利于自己的方式创造一个独特的市场运行方式，避开激烈的市场竞争。

斯米克[1]（股票代码：002162）是一家专业生产和销售高级玻化石和高级釉面砖系列产品的上市公司，于 2003 年率先在行业内通过 ISO 14001 体系认证。该企业设有独立的研究所，具备强大的研发实力，获评为上海市高新技术企业、先进技术企业、技术密集型、知识密集型企业，公司产品被推荐为 2011 年度上海名牌产品，具有较强的核心竞争力。

---

[1] 斯米克于 2015 年 10 月 20 日起更名为悦心健康。

在这种竞争力的推动下，该公司股价也呈现积极向上的健康走势。2012 年 12 月 7 日该股最低价仅为 2.99 元，在不断地上涨后，截至 2015 年 4 月 17 日该股最高价格已经达到 12.79 元，其间涨幅高达 327.76%（图 7-2）。

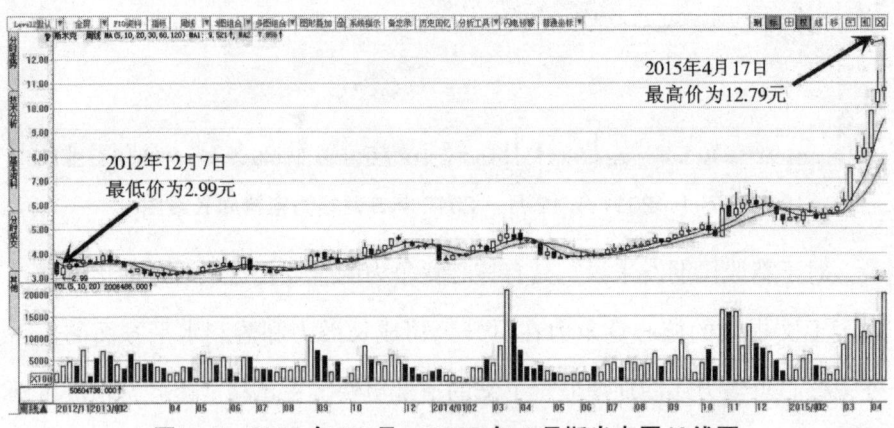

图 7-2　2012 年 12 月～2015 年 4 月斯米克周 K 线图

总之，对于新股民朋友来说，一家企业是否具有核心竞争力将成为评判一家企业是否具有投资价值的重要指标，其重要性不言而喻。而在具体操作中，新股民主要可以通过最能反应企业核心竞争力的几个指标，如净利润、每股收益、每股经营现金流、主营业务收入等，对其进行综合评估。

（一）净利润

净利润是企业总利润总额扣除应缴税款后的余额。企业的利润来自两部分：主营业务收入和其他业务收益。对于判断一家企业的核心竞争力和成长性来说，净利润非常直观，并且也非常便于进行各种比较（图 7-3）。

指标(单位:万元)	2015一季	2014末期
营业收入	221037.88	926178.23
营业成本	218902.84	939801.71
营业费用	8046.52	38574.98
管理费用	8472.06	40376.17
财务费用	12071.37	56769.48
营业利润	1938.56	-14575.04
投资收益	-214.90	-999.20
营业外收支净额	774.10	23014.11
利润总额	2712.65	8439.07
净利润	2523.80	6011.96

图 7-3　净利润示意图

（二）每股收益

每股收益即公司每一股所具有的当前获利能力，具体计算时需要将公司的净利润除以公司的总股份。每股收益是判断一家上市公司核心竞争力的最简单明了的方法。

在计算每股收益时，新股民朋友要注意，由于企业采取的会计处理方式不同，可能得出的每股收益数值就不会相同，这样有些时候公司财务报表上的净利润数值就并不一定能反映出企业的实际获利情况。因此，在考察这一指标时，新股民朋友们还要特别关注企业应收账款与企业营业收入之间是否相一致，如果收账款的增长速率总是很大程度上高于收入的增长速率，那么很可能这个企业已经把一部分收不回来的利润计算到总成本中，这样其净利润数值就可能明显偏高，每股收益的计算自然也就不准确了（图 7-4）。

斯米克	操盘必读	财务透视	主营构成	行业新闻	大事提醒
002162	最新季报	股东进出	股本分红	资本运作	行业地位

每股收益　　(元):-0.0328　　　　目前流通(万股)　:62700.00
每股净资产　(元):1.1950　　　　 总　股　本(万股)　:65550.00
每股公积金　(元):0.3889　　　　 主营收入同比增长 (%):-32.64
每股未分配利润(元):-0.4032　　　 净利润同比增长   (%):-4.59
每股经营现金流(元):0.0202　　　　净资产收益率   (%):-2.71

图 7-4　每股收益 F10 截图

（三）每股经营现金流

每股经营现金流是指公司经营活动所产生的净现金流减去优先股股利与流通在外的普通股股数的比率。与每股收益相比，每股经营现金流显得更直接、更实际，通过它，新股民朋友就可以了解在维持期初现金流量的情况下，上市公司发给股东的最高现金股利的金额（图 7-5）。

斯米克	操盘必读	财务透视	主营构成	行业新闻	大事提醒
002162	最新季报	股东进出	股本分红	资本运作	行业地位

每股收益　　(元):-0.0328　　　　目前流通(万股)　:62700.00
每股净资产　(元):1.1950　　　　 总　股　本(万股)　:65550.00
每股公积金　(元):0.3889　　　　 主营收入同比增长 (%):-32.64
每股未分配利润(元):-0.4032　　　 净利润同比增长   (%):-4.59
每股经营现金流(元):0.0202　　　　净资产收益率   (%):-2.71

图 7-5　每股经营现金流 F10 截图

（四）主营业务收入

对于任何企业来说，主营业务收入都与其核心竞争力息息相关。在公司运营中，主营业务收入直接决定了公司主要经营业务的规模和发展趋势、发展空间，同时也决定了公司在行业中的地位和市场占有率。与其他考核企业核心竞争力的指标相比，主营业务收入的真实性、可比性和客观性都要更强一些，因此也就成为新股民朋友判断和选择一只股票的重要财务参考数据（图7-6）。

```
2014末期每股收益(元):0.0330        净利润同比增长    (%):-33.51
2014末期主营收入(万元):84539.38    主营收入同比增长  (%):-5.38
2014末期每股经营金流(元):0.0807    净资产收益率      (%):1.88

分配预案:-                        股东大会日期:-
最近除权:10转5(2015.04.10)        解禁流通:2017-02-20(2850.00万股)
```

图7-6　主营业务收入F10截图

除了以上几个硬指标之外，新股民朋友在考察一家上市公司的核心竞争力时，还需要将其生产规模、技术水平、自主知识产权等软指标纳入考察范围。这样才能真正了解一家上市公司核心竞争力的真实情况，从而找到隐藏在企业核心竞争力之下的牛股。

二、自主定价权

在企业经营中，自主定价权直接关系企业的盈利能力，以及持续增长的预期，甚至在需要的时候，拥有自主定价权也能帮助企业转嫁成本，通过提高价格来保证自己的毛利率。同时，由于缺乏竞争者和代替品，拥有自主定价权的企业也不会因为产品价格上涨而失去市场份额。反映在股市中，如果一个企业有自主定价权，那么也就等于该公司股票股价有了更多跑赢其他股票股价，成为牛股的可能。

一般来说，在A股的上市公司中，高端酒类企业、驰名景点旅游企业、医药类企业，这三个类别的企业常常拥有比较强的自主定价权。

（一）高端酒类企业

看一看股市，我们会发现，很多特有的白酒生产商，比如贵州茅台、五粮液等，往往能够长期保持牛股的身份，其实这和其自主定价权是分不开的。

贵州茅台（股票代码：600519）是一家主营茅台酒系列产品的生产和销售，同时生产和销售及防伪技术开发，进行饮料、食品、包装材料生产的上市公司，是白酒生产企业中的佼佼者，其销售收入占细分酱香型白酒市场总收入的80%。除此之外，该企业还具有自主定价权，在如此优良背景的支撑下，其股价的表现自然不俗。2014年1月8日股价最高仅为103.31元，在通过了一段震荡上涨后，截至2015年1月5日，该股股价已经上涨到204.24元，涨幅达97.7%（图7-7）。

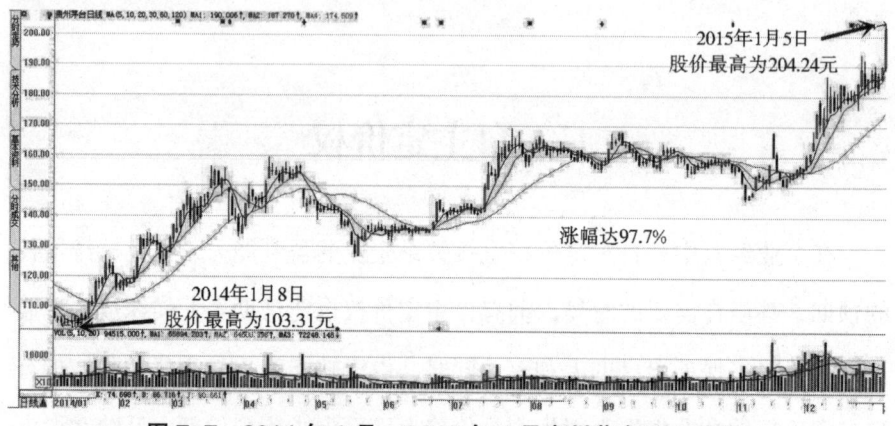

图7-7　2014年1月~2015年1月贵州茅台日K线图

（二）驰名景点旅游企业

峨眉山A公司、华侨城A公司和黄山旅游公司等，是这类企业的典型代表，它们往往拥有景点门票收费权、定价权和调价权。从近几年的发展来看，这些旅游企业每次调价一方面保证了与物价升幅相匹配，另一方面使得企业利润迅速上涨，身价倍增。从长远来看，在景区游客规模、门票价格、毛利率逐年上涨的态势下，这些企业的后市发展和其股票价格都必然有更多的想象空间。

随着国民生活水平和物质水平的不断提高，民众的精神追求越来越高，在这种大环境的变化下，旅游服务行业成了热门行业，正从过去没有人关注的角落慢慢走进人们的视野。于是，与旅游服务行业密切相关的股票价格也开始逐渐从沉睡中复苏，尤其像峨眉山A（股票代码：000888）这类具有自主定价权的上市公司，其股价也巨速上涨。2014年5月9日，峨眉山A的最低价仅为16.80元，而到了2015年4月30日，该股最高价已经上涨至32.30元，其间涨幅达92.26%（图7-8）。

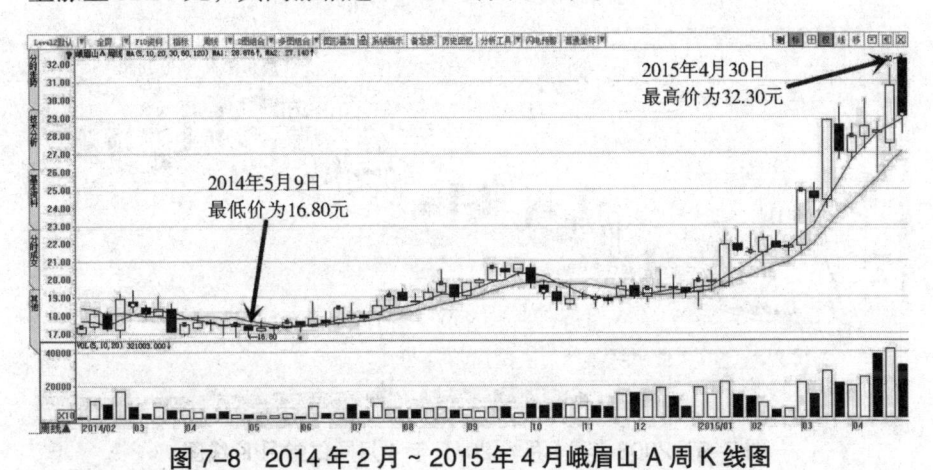

图7-8　2014年2月～2015年4月峨眉山A周K线图

（三）医药类企业

医药行业的特殊性，决定了不是什么企业都能进得来，而一些医药企业如果拥有保密配方，那么其他企业更是无从模仿，比如云南白药公司、片仔癀公司等。这就使得这些医药企业在自己的领域内几乎没有竞争者。这些因素使得这类上市公司拥有非常强的定价权。如果市场反馈好，那么伴随需求的不断增长，这些企业必然也会赢得更广阔的发展空间。

同仁堂（股票代码：600085）是北京市政府授权经营国有资产的国有独资公司。同仁堂始创于1669年，至今已有346年的历史。北京同仁堂始终坚持"以现代中药为核心，发展生命健康产业，成为国际知名的现代中医药集团"的发展战略。随着同仁堂的快速发展，品牌的维护和提升、文化的创新与传承也取得了丰硕成果，"同仁堂中医药文化"已列入首批国家级非物质文化遗产名录，再加上其具有自主定价权的优势，该股股价自2008年开始一路上涨，2008年11月28日该股最高价仅为3.27元，而到了2015年4月10日，该股最高价已经达到30.78元，其间涨幅达到了惊人的841.28%（图7-9）。

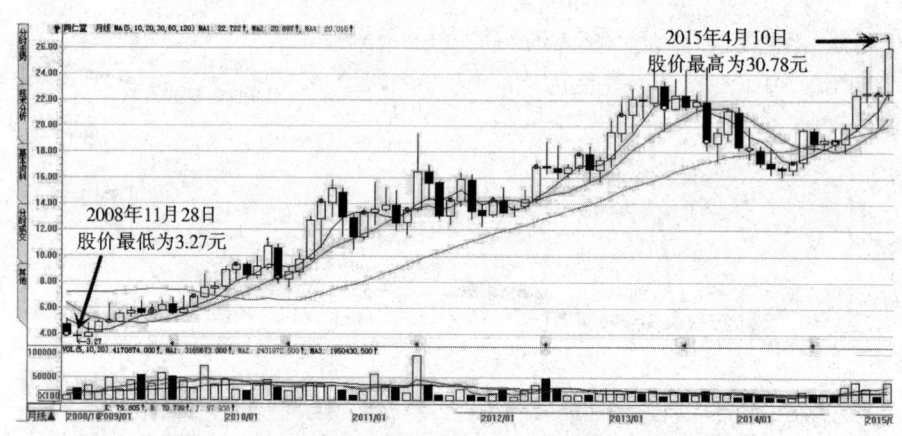

图7-9 2008年11月~2015年4月同仁堂月K线图

总之，企业拥有的自主定价权能够稳固市场份额，在行业竞争中占得优势地位，并保证企业持久盈利。而企业一旦拥有了自主定价权，其股票的内在价值也必然会大幅提升。新股民朋友如果能够抓住这类牛股，那么投资成功的可能性必然大幅增加。

三、企业规模及扩张潜力

评判一家企业和一只股票的成长性，有两个标准，一个是企业的核心竞争力，另一个就是企业的规模和扩张潜力。企业核心竞争力决定的是企业能走多远，企业的规模和扩张潜力决定的则是企业能做多大。在具体途径上，核心竞争力是从宏观角度反映企业的成长性，规模以及扩张潜力则是从微观细节角度体现企业的成长性。

当然，影响企业规模与扩张潜力的因素也有很多，新股民朋友可以从以下几个方面着手来分析。

（一）行业竞争地位

要想了解企业的规模以及扩张潜力，首先就需要找到企业在行业竞争中的地位。这就需要对那些能够反映企业的行业竞争地位的指标进行分析，比如行业综合排序和产品的市场占有率。

一般来说，行业综合排序直接反映企业当前在市场中的竞争地位，行业综合排序越高，证明市场竞争越占优势，投资价值也就越高；而企业产品的市场占有率则能反映企业生产的产品在市场中的需求量，以及未来的市场空间。一般需求量越高，企业的成长性也就越好，相应地，其投资价值也就越高。

此外，要想找到企业在行业竞争中的地位，新股民朋友还需要将企业的销售额、利润额、资产规模等数据与行业内其他主要竞争对手进行比较，了解企业在行业内所处的水平以及地位变化。

（二）规模扩大原因

通过研究企业规模扩大的原因，新股民朋友不仅可以了解企业历史，同时也能借此判断企业未来是否还有继续扩张的潜力和发展空间。具体来讲，这里主要就是判断企业规模的扩张是因为供给推动还是市场需求拉动的，也就是说判断企业规模的扩大是内因还是外因。

一般来说，如果企业扩大规模是因为主动研发创造了新市场，也就是因为供给推动，那么基本可以判断其成长性预期比较高；相反，如果企业扩大规模是因为市场需求的拉动，即根据市场需求被动地来生产产品，那么其成长性就还有待更深入地考察。

2014年4月24日晚间海德股份（股票代码：000567）发布2013年年度报告，报告中显示，该公司实现营业收入143146.92万元，同比增长12.78%；归属于上市公司股东的净利润为3092.68万元，同比增长1305.22%。

该公司之所以能够取得如此优秀的业绩，得益于2013年新一届董事会和管理层逐步明确了公司将涉及棚户区改造、新城镇化建设等符合国家政策导向、鼓励民间资本介入的领域作为公司未来业务拓展的主要方向的策略转变，也与该公司在重点行业和客户领域取得了较好的市场突破、公司自主研发产品业务的规模化扩大密不可分。从图7-10中可以看出，由于海德股份及时的战略调整，其股价也从2012年1月31日的4.69元上涨至2015年4月10日的17.57元，涨幅达274.63%。

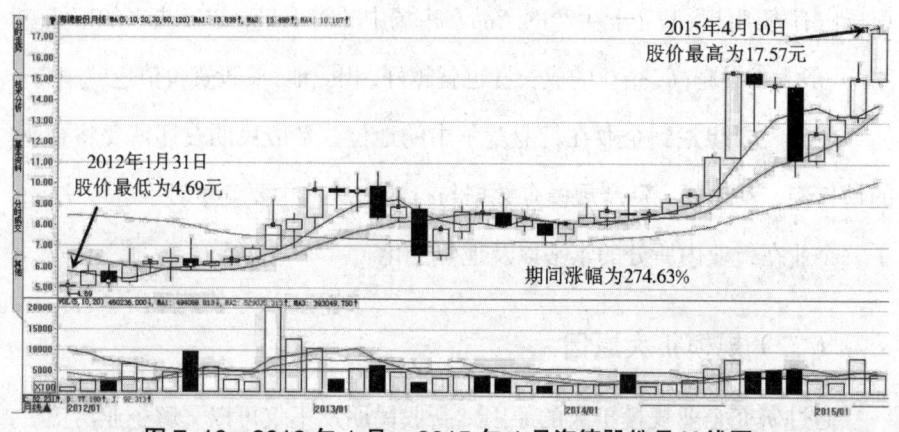

图7-10　2012年1月~2015年4月海德股份月K线图

（三）企业预期前景

通过分析企业的预期前景，新股民朋友可以更好地了解企业主要产品的市场前景以及企业未来的市场份额，并且也能在一定程度上预测其销售额和利润额水平。这正是分析企业的预期前景对预期企业扩张潜力以及发展空间的重要意义。

在具体考察途径上，则可以通过分析企业历史状态、管理层素质和企业产品的市场需求来实现。其中，企业历史状态考察的是企业发展的历史轨迹。如果在过去的历史中，企业始终在不断创新、扩展，持续发展，那么这样的企业前景无疑也就更有保障一些。

企业管理层素质考察的主要是管理层对市场的敏感程度、管理能力、运作能力，以及是否能够及时把握市场商机，如果答案是肯定的，那么这样的管理者必然能够促进企业的进一步发展。产品的市场需求考察的则是企业产品在市场中的情况，如果市场需求度高、占有率高，那么企业成长性自然可期。

上海医药（股票代码：601607）是一家具有医药研发与制造、分销与零售全产业链的上市公司。根据2013年中国企业联合会评定的中国企业500强排名，该公司综合排名位居全国医药行业第二。据该公司2014年年报显示，其2014年总营业收入为923.99亿元，同比增长18.12%；净利润25.91亿元，同比增长17.06%。多家测评机构都认为该公司未来具有较大的发展空间，企业预期前景良好。

在基本面以及高预期的刺激下，该上市公司相关的股票表现也必然不会让人失望。2014年4月29日，该股最低价仅为11.38元，而到了2015年5月15日，该股最高价格已经涨到31.59元，在一年左右的时间里，该股涨幅达177.59%（图7-11）。

图7-11　2014年3月~2015年5月上海医药日K线图

以上便是分析企业规模和扩张潜力的三个关键因素，也是新股民朋友判断一只股票成长性和后市空间的内在依据。因此，在选择一只股票前，一定不要忘记对此进行综合分析。

四、产能增长

产能是指企业生产的能力。在经济不断发展的情况下，社会需求也在不断增长，因此对企业产能也提出了新的要求。企业的生产能力是反映企业整体实力的一个关键技术参数，不仅能体现企业的生产加工能力，而且能反映企业的生产规模以及产品的消化能力。对于企业来讲，如果市场需求有保障，那么增加产能就意味着扩大了企业的利润增长空间，反映在股票上自然能促进其内在价值的提高，最终促进股价的上涨。

（一）产能影响运作成本

在其他条件稳定和理想的情况下，企业的生产能力和市场需求越匹配，企业的运作成本就越低。但是，对于企业来讲，其他条件稳定和理想，这一假设往往很难成立。也就是说，由于实际需求和预计需求之间的偏差，以及市场需求的不断变化，想要达到理想和稳定的环境是非常困难的事。这也就导致了生产能力和需求之间常常无法匹配。一旦发生这种情况，企业就必须作出正确的决定来平衡产能过剩或者产能不足带来的成本提升。

（二）产能是初始成本的主要决定因素

一般情况下，生产能力与整体生产成本成正比，与单个产品成本成反比。也就是说一个企业生产能力越大，它所耗费的整体成本就越高，但是单个产品的成本却越低。

（三）产能大小以及刚性会影响企业的竞争力

如果一个企业生产能力有保障，或者能够迅速提高产能，那么在竞争力方面，自然会强于其他企业，甚至在某些领域还能形成门槛，阻止其他企业进入。

（四）产能决定企业满足市场需求的能力

对于企业来讲，产能提高也就意味着产出增长的可能性，以及满足市场需求能力的提高。这无疑会为企业带来更多的市场机会。

2014年万科A（股票代码：000002）实现销售金额2151.3亿元，同比增长25.9%，在全国商品房市场的占有率由2.09%提升至2.82%。受益于积极销售和谨慎投资，2014年万科公司经营性净现金流高达417.2亿元，年底持有的货币资金上升至627.2亿元。净负债率下降至5.4%，为2006年以来最低水平。2014年是万科公司成立30周年，也是万科公司转型元年。在业务上，万科公司明确了以"三好住宅"和"城市配套服务商"作为未来发展方向；在管理上，万科公司以合伙人机制为核心，推出项目跟投制度和事业合伙人持股计划，为经营转型提供制度支持。

为了能够积极适应市场的变化，即使是像万科这样的地产龙头企业，依旧在积极转型，以便能够让企业持续、稳健地发展下去。在这种理念和发展策略的带动下，其相关股票的价格也在不断走高。2014年2月28日，万科A股价的最低价仅为6.11元，而到了2015年5月15日，该股最高价格已经涨至15.60元，其间涨幅为155.32%（图7-12）。

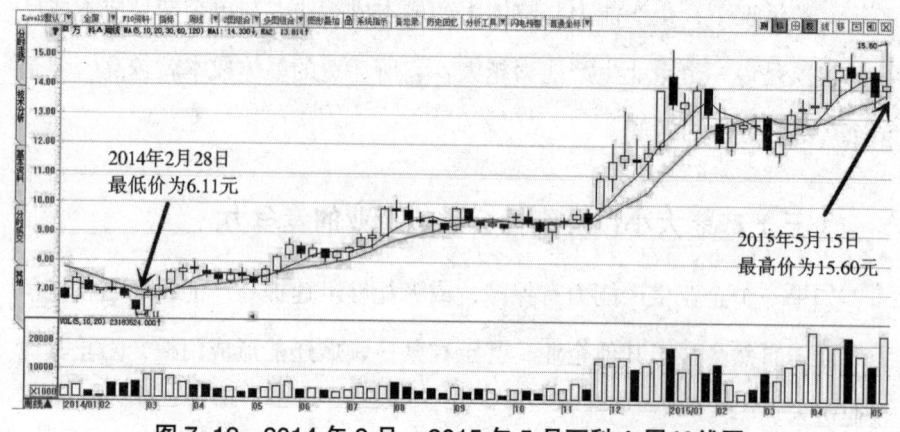

图7-12　2014年2月~2015年5月万科A周K线图

企业存在的根本价值就是为客户提供有价值的产品和服务，而产品的生产和服务都离不开产能。一些企业由于生产能力不足，满足市场需求的能力自然下降，也就直接导致丧失了一部分市场，失去了非常好的发展机会。相反，如果企业产能有保障，那么无疑会获得更多的市场发展空间，反映到股市上，也会促进其股价的提升。

不过新股民朋友如果发现企业有大幅增加产能的情况，也要考虑其是否会出现产能过剩的情况，以及由此给企业带来的成本增加和业绩下滑。只有综合考虑这些因素，才能对一个企业、一只股票作出科学、合理的判断。

五、注资预期

如果一家企业有大股东注资，那么就可能会成为股票市场中一个重要的炒作题材。资产重组向来是企业进行资源优化配置和企业优化组合的重要途径，同时也有利于企业更好地利用资本市场提供的平台，在资本市场以及经营市场上优胜劣汰的竞争机制，完善产业结构，提高自己的经济运作效率。

资产注入其实就是股本扩张的一种形式。当企业拥有的存量资产已经不能继续承受高估值的时候，一旦获得新的资产注入，那么就极有可能再次获得引领市场繁荣的助推力量。而对于股市来说，资产注入所带来的企业再次繁荣发展无疑会刺激股民们的投资热情和投资信心，增加了股票的涨幅预期。

当然，新股民朋友在选择这类股票时，也有几点需要注意。

（一）第一大股东持股比例

有资本注入后，新股民朋友需要观察第一大股东的持股比例，通常来讲，其持股比例越高则越好。由于具有非常高持股比例的股东，其资产也势必会非常雄厚，这样就保证了该上市公司未来发展的资金储备量，在市场发生结构变化或者热点变化的时候，能够及时作出相应变化。

（二）新机构介入

通过报表查看十大流通股股东有没有新的机构介入。如果一只股票中介入了几家比较具有权威性或者资金实力非常雄厚的新机构，那么就说明这只股票具有很高的发展潜力，其股价后市的发展被大多数人看好。

（三）盈利能力稳定

观察上市公司是不是具有非常良好的市场竞争优势和稳定、持续的盈利能力。稳定的盈利能力是企业发展的基础保障，如果一个企业没有稳定的盈利能力，就无法保证能够提供给股东相应的利益保障。

（四）母公司有大量未上市资产

在选择企业时，可以找一些本身规模比较小，但其母公司却拥有大量未上市资产的企业，这样的企业引入资产注入的可能性往往要高于其他企业。

（五）股价适中

相对于整体大盘指数与行业指数，看股价是否处于适中的位置，如果已经过高则不宜跟进。

2015年3月下旬，停牌近5个月的科冕木业公司发布了公告，据公告内容显示，该公司已完成重大资产重组方案，成功收购四家网络游戏及互联网公司。随后，在与北京天神互动科技有限公司重组并购完成半年后正式更名为"天神娱乐"公司。

根据科冕木业公司最新消息显示，该公司名称由大连科冕木业股份有限公司变更为大连天神娱乐股份有限公司，变更公司证券简称，由科冕木业变更为天神娱乐，公司英文简称由"KMMY"变更为"ZUES"，变更名称日期为2015年4月20日。

以变更名称为启动信号，科冕木业公司开始进入转型网络游戏产业的阶段。相较于当下扎堆更名的上市公司，对于此次科冕木业公司通过重组并购转型游戏产业，外界多持看好的态度。正是在这种有利因素的刺激下，更名天神娱乐（股票代码：002354）的原科冕木业的股价也走出了积极态势。2014年10月27日，该股最低价仅为50.94元，而在经过一段暴涨行情后，该股股价一路上涨至108.32元，其间涨幅达112.64%（图7-13）。

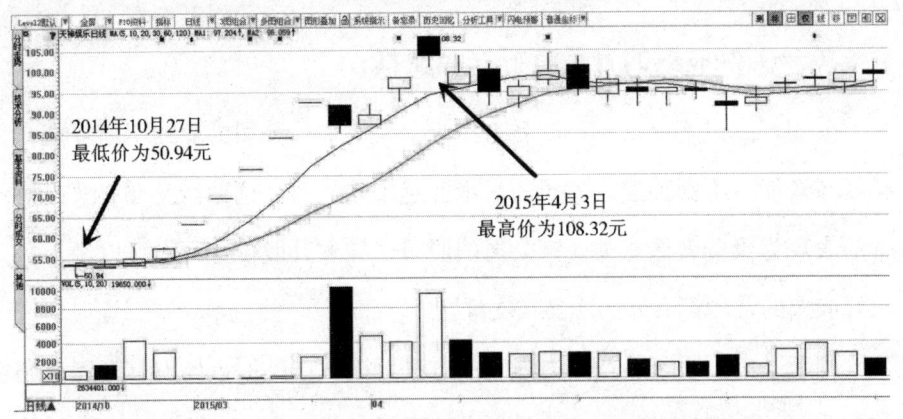

图7-13 2014年10月~2015年4月天神娱乐日K线图

　　大股东注资是上市公司业绩上涨的主要动力之一，也是上市公司股价上涨的助力器，对于上市企业来说，资金注入和股价上涨就是相互促进的。一方面，随着优质资产的注入，股价上涨的迫切性就会被提高；另一方面，一旦股价上涨，注入优质资产可能性和含金量也会越来越高。同时，注入优质资产或者整体上市多会有定向增发紧随其后，而定向增发的价格越高，增发的股数就越低，股本增厚的比例也就随之降低，这样优质资产贡献度降低的可能性就越小，投资者就可以享受更多的优质资产份额。

六、产品供不应求

　　当公司的产品供不应求，处于卖方市场，则卖方在交易中处于有利地位，是具有议价能力的一方，可完全掌控市场中产品的供求，商品的价格便有了上涨的趋势。这对于公司的发展及其业绩的增长有着极大的帮助，也为上市公司股票价格的上涨插上了翅膀。

（一）好股票的背后有好产品支撑

公司产品供不应求时，产品占市场份额增加，公司的业绩不断上涨，持续经营能力不断加强，公司的基本面越来越优秀。这种情况在股票市场中的表现为投资者愿意买入该公司的股票，导致其股价上涨。可以说，每只好股票的背后都有好的产品在支撑。

判断上市公司产品竞争力强弱的方法可以从产品的市场占有率和市场的覆盖率入手来加以分析。从这两点也可以衡量出市场对该公司产品的需求度。具体来说，供不应求的现象也有暂时性和持续性之分，新股民朋友可以选择生产市场上长期需求的产品的上市公司进行投资。

精锻科技（股票代码：300258）是国内规模最大的轿车精锻齿轮生产企业，主要生产汽车差速器半轴齿轮和行星齿轮、汽车变速器结合齿轮。该公司的产品得到了国内外领先的整车制造商和其动力总成供应商的高度认可，是同时为大众汽车、通用汽车、福特汽车、丰田汽车等汽车公司众多车型提供配套精锻齿轮的国内企业。2014年由于与该公司合作的大众汽车等公司客户配套业务的增长，该公司主要产品的销售也随之增长，其中中轻型车齿轮因市场需求量增加，生产及销售量均比2013年增长了90%以上。2014年公司扩建齿轮锻造、热处理、机械加工生产线，形成新增精锻齿轮约800万件的生产能力，配套奥迪齿轮轴项目。市场上对该公司产品的需求量不断增加，公司业绩也不断提高，股价也随之上涨，由2014年9月23日的最低价10.59元上涨至2015年6月2日的最高价23.98元（图7-14）。

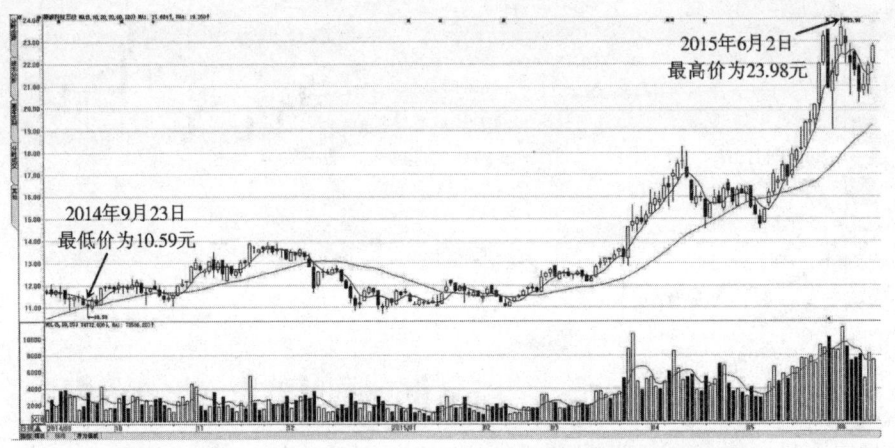

图 7-14　2014 年 9 月～2015 年 6 月精锻科技日 K 线图

贵州茅台（股票代码：600519）生产的茅台酒是世界三大蒸馏名酒之一，曾于 1915 年荣获巴拿马万国博览会金奖。茅台酒是中国酱香型白酒的典型代表，也是世界名酒中唯一纯天然发酵产品，在中国白酒行业中处于领先地位，也是酱香型白酒行业的垄断者，这构成了公司产品持久的核心竞争力。

贵州茅台拥有不可复制的酿制配方和不可替代的酿造工艺，所生产出来的产品自上市以来，一直处于供不应求的状态。2015 年上半年茅台公司高端酒份额有望继续提升，未来业绩实现稳健增长。在市场波动加剧的背景下，茅台公司作为低估值、业绩确定性强的酒业龙头，有望迎来补涨。

2015 年第二季度茅台公司公告显示其收入增速已达 15%，预收款项同比增加 11.7 亿，环比增加 13.2 亿。贵州茅台股票价格自 2015 年 1 月 5 日的 197.58 元起，总体呈稳健上涨的状态（图 7-15）。

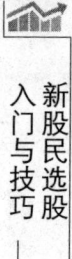

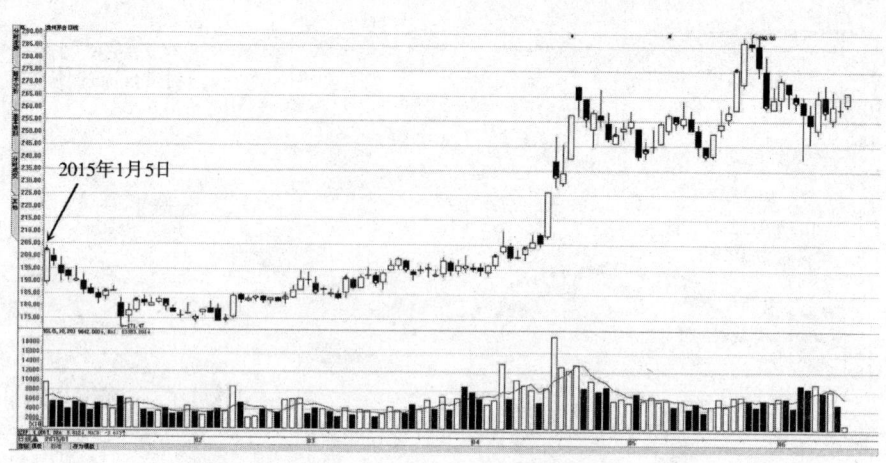

图 7-15　2015 年 1 月～6 月贵州茅台日 K 线图

（二）产品供不应求最易产生牛股

从理论上来讲，一个公司生产出来的产品若是能始终占领一定的市场份额，并保持供不应求的状态，这家公司就可以一直生存下去。对于新股民朋友来说，这家公司的股票也就一直具有投资价值。新股民朋友在选择股票的时候，应该选择产品供不应求的公司的股票，这样才能够提高投资的收益，并降低投资风险。

公司产品的供不应求十分有利于上市公司的业绩提升，吸引投资者们的目光。当公司的产品一直处于持续性供不应求状态时，最容易产生牛股，新股民朋友可以多加关注。

七、新兴产业

国家通过一系列的政策纲要扶植新兴产业健康、稳健、快速地发展，有序、稳妥地进行新老行业接替，是目前的基本国策之一。发展新兴产业可以拉动内需，保证国民经济持续、健康地增长，增强国家的综合国力。这些新兴产业囊括新一代信息技术产业、生物产业、新能源产业、新材料产业、高端装备制造业等。上市公司一旦入选"战略性新兴产业"企业，往往会获得国家和地方财政上的大力支持，从而提高产业效率，增加公司长远的盈利潜能。

在资本市场上，尤其是中国的资本市场中，A股市场很容易受到国家政策的影响。因此，投资者应该仔细研究国家政策，根据宏观政策调整和选择新兴产业中的上市公司进行投资较稳妥。

接下来，我们为新股民朋友简单介绍一下几种当前的新兴产业，以便抓住潜在的大牛股。

（一）节能环保产业

节能环保产业是指为节约能源、经济循环发展、保护环境提供技术装备和服务保障的产业。早在2010年6月，中央财政安排20亿元资金用于支持节能服务公司对多个行业和公共机构实行节能改造，"十二五"计划曾明确提出节能环保产业是新能源产业，随后的"十三五"计划中更是作出了对节能环保产业的发展、能源浪费进行调控的政策。

泰豪科技（股票代码：600590）是智能建筑行业内的龙头企业，自从国家大力发展新兴产业，将环保节能产业并入新兴产业期间，泰豪科技多次进行并购增加产业竞争力，在2015年上半年其股价的上涨势头比较迅猛。该股由2015年1月5日股价最低8.86元，上涨到6月4日股价最高27.59元，其间涨幅达211.40%（图7-16）。

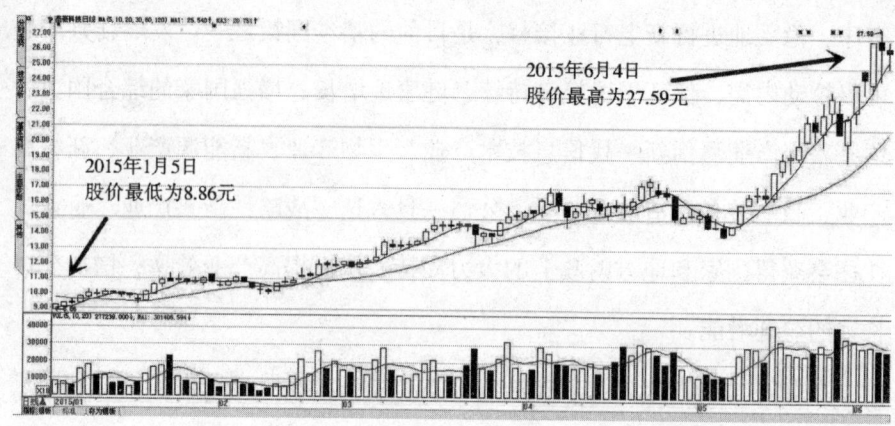

图7-16　2015年1月~6月泰豪科技日K线图

（二）新材料产业

新材料产业包括新材料及其相关产品和技术装备。新材料种类繁多，涉及金属、非金属、建筑、化工等多个行业。在中国A股市场中，新材料涉及多个行业的多个上市公司。从应用领域来看，新材料下游产业涉及电子、通信、汽车、医药与医疗、航空、航天，以及房地产、交通运输等诸多行业。

工业和信息化部研究制定的《2015年原材料工业转型发展工作要点》指出，要落实创新驱动发展战略，积极培育新材料产业，强化新材料产业发展顶层设计，夯实新材料行业管理基础，推动战略新材料领域健康发展。

分析人士指出，随着政策支持力度加大，包括先进高分子材料、高性能复合材料、特殊金属功能材料等新材料领域有望获得良好发展机遇，相关概念股值得关注。

安泰科技（股票代码：000969）是一家以先进金属材料为主导产业，在非晶、纳米晶带材及其制品、发电与储能材料及其制品等数十个新材料领域都作出了一定成就的上市公司。

随着 2015 年牛市行情的发展，安泰科技股价也在不断走高。虽然在上涨的过程中受到大盘走势的影响，其股价形成了短时间的回落，但是由于有优良基本面的支撑和政策的扶持，短时间的回落影响不了其整体的上涨趋势。2015 年 1 月 9 日，该股最低价仅为 9.00 元；而到了 6 月 8 日，该股最高价已经上涨至 20.96 元，其间涨幅高达 132.89%（图 7-17）。

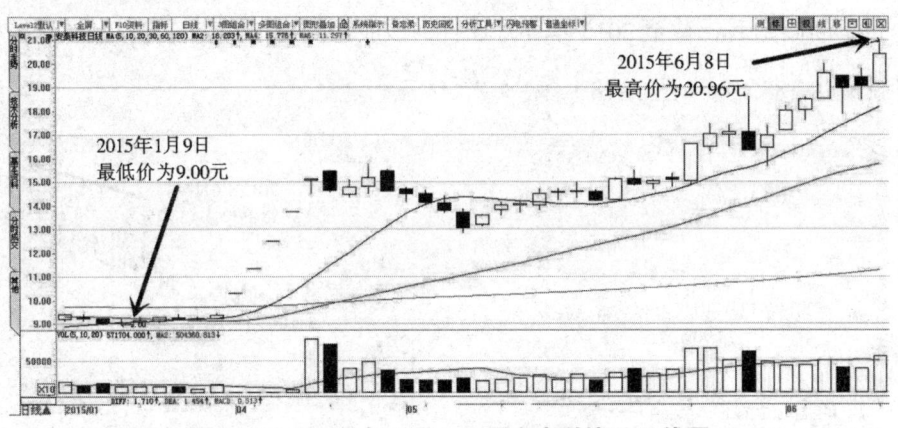

图 7-17　2015 年 1 月~6 月安泰科技日 K 线图

（三）新一代信息技术产业

新一代信息技术产业是指以互联网、云计算为技术基础的一些新兴产业。其主要方向是三网融通、物联网、下一代通信网络、新兴平板显示、高性能集成电路、高端软件等。其中有很多产业都不是单一产业，如三网融合、物联网等都是包含了多个产业和核心技术在内的产业链集群，它们的技术突破都带有"牵一发而动全身"的效果。

烽火通信（股票代码：600498）是目前国内唯一集光通信领域三大战略技术于一体的科研与产业实体，先后被国家批准为国家光纤通信技术工程研究中心、亚太电信联盟培训中心、MII 光通信质量检测中心、国家高技术研究发展计划成果产业化基地等。截至 2012 年，公司在光通信领域累计申请国内外专利650多项，提交并获批的国际标准5项，制定国家及行业标准200多项，其中光纤光缆方面的标准数量位居国内第一。

在优良基本面以及国家政策扶持下，2015年上半年，烽火通信相关股票取得了傲人的成绩，2014年12月30日该股最低价仅为14.90元；在经过不断高走后，截至2015年6月5日，该股最高价已经上涨至42.24元，涨幅达183.49%（图7-18）。

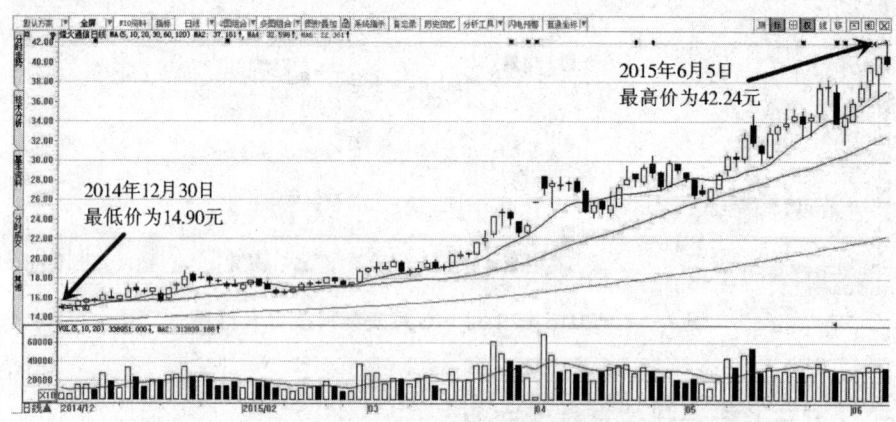

图7-18　2014年12月~2015年6月烽火通信日K线图

（四）生物产业

生物产业指以生命科学理论和生物技术为基础，结合信息学、系统科学等理论和技术手段，通过对生物体及其细胞、亚细胞和分子的组分、结构、功能与作用机理开展研究并制造产品，或改造动物、植物、微生物等并使其具有所期望的品质特性，为社会提供商品和服务的行业的统称，它主要包括生物医药、生物能源、生物环保和生物农业等。目前生物产业的A股上市公司所囊括的领域有疫苗、生物制剂、血液制造等。面对众说纷纭的生物产业，投资者根据行业的特点，寻找进行不断技术革新的生物医药公司进行投资。

华兰生物（股票代码：002007）是生物制药企业的龙头之一，受国家政策的大力扶植，该公司在防疫疫苗方面不断取得突破创新，更是打开了国外市场。在此背景下，该股股价从2015年1月19日股价最低33.60元，一路上升至5月20日股价最高67.06元，其间涨幅达99.58%（图7-19）。

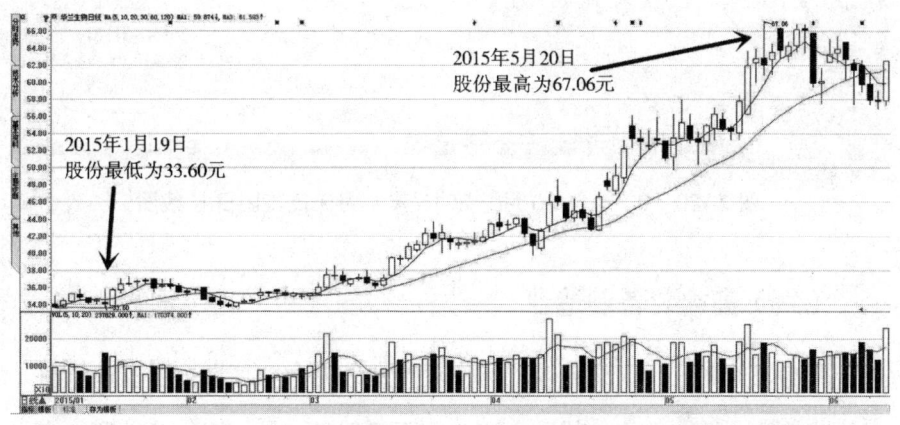

图7-19　2015年1月~6月华兰生物日K线图

（五）新能源产业

新能源产业是指地热能、风能、海洋能、太阳能、生物质能和核聚变能等能源的开发和技术应用。据国家的宏观经济政策规定，从2011年至2020年，每年国家将在新能源产业方面累计增加5万亿的投资。对于这种超强的政策对新能源产业的支持，投资者应该重点关注股市中相关新能源产业板块内的股票。

天茂集团（股票代码：000627）是中国众多开发生物质能相关企业中的佼佼者。在整体政策扶持新能源产业的大环境下，该公司的股票走出了一段积极的行情，其股价从2014年10月17日的最低价3.62元，一直上涨至 2015 年 6 月 8 日的最高价 17.30 元，其间涨幅高达 377.90%，（图 7-20）。

图 7-20　2014 年 10 月~2015 年 6 月天茂集团日 K 线图

（六）高端装备制造业

高端装备制造行业充分体现了新老产业的融合与接替，通过多学科、多领域的高、精、尖技术的融合穿插，不断创新，是传统行业转型和谋求发展非常务实的方向。投资者对于这一领域涉及的行业应多多关注，因为传统行业存在时间长、资本雄厚、承受风险能力强、改革的实力强劲，转型成功后大多数企业的股票上涨的势头强劲，投资价值大。

中航重机（股票代码：600765）是航空制造业的领头羊之一，在国家政策对于新兴产业的大力倡导下，响应国家号召，不断突破自我，2015 年 6 月 9 日该公司公布拟定募资 37 亿元，为公司技术突破、不断创新，打造军民融合产业链迈出一大步。2015 年 1 月 6 日该公司股价最低 18.81 元，6 月 11 日股价最高 40.10 元，涨幅达 113.18%。其间由于 6 月 9 日公布的募资计划，股价跳空上涨（图 7-21）。

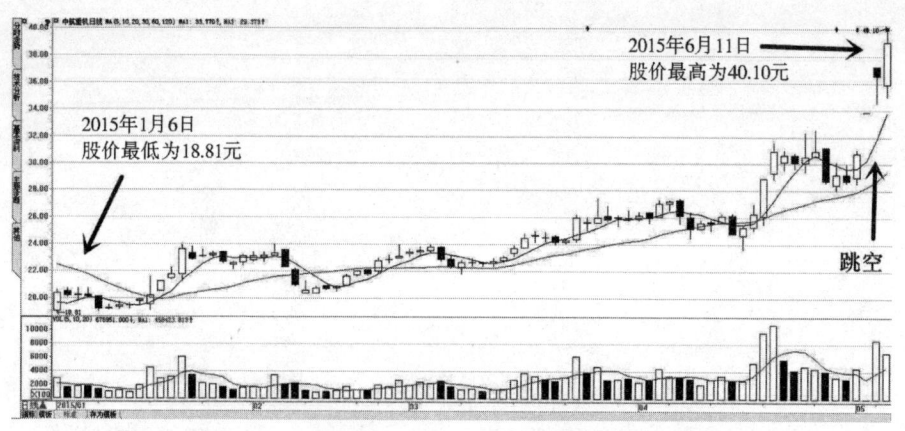

图 7-21　2015 年 1 月~6 月中航重机日 K 线图

　　高端装备制造业是新技术与传统行业的结合，未来的发展潜力巨大，新股民朋友如果能够多加关注这一领域的相关股票，很可能会发现一只具有极高投资价值的股票。

第八章 ◉ 透过公司估值法选牛股

选择一只股票进行投资,就等于选择了这只股票背后那个值得投资的公司。投资者要想对公司是否值得投资作出自己的判断,就需要对公司进行估值。公司估值是股民根据公司的各项数据及其业务能力对其内在价值进行估算。对不同的公司作出正确的估值,是选择出一只具有优良投资价值的股票的前提。

一、公司估值法寻找价值洼地

选择投资一只股票的目的是获利，所以一只拥有价值洼地的股票往往是投资者最好的选择。那么，什么是价值洼地？价值洼地就是价格明显低于价值，股票价格严重低于公司的实际价值。

明确价值洼地这一概念后，寻找公司价值被低估的股票就成为投资者进行投资的关键。要想找到价值洼地，投资者需要通过对上市公司各种估值来发掘其中存在的价值洼地。

（一）价值投资的基本策略

利用股票价格与企业价值的背离选择一只股票进行投资，是价值投资的基本策略。当股票的价格远远低于其内在价值时，买入股票；当股价上涨，股票价格大于或近似等于其内在价值时，卖出股票，从中获取超额的利润。

如果说选择一只股票进行价值投资的基本策略，是股票价格与企业价值的背离；那么估值就是选择一只股票进行价值投资的前提、核心和基础。对要投资的企业进行估值，准确评估企业的价值，再与该企业股票的市场价格作对比。这是投资者在发掘到良好企业价值的股票后，为确保获取利润所必须要做的事。

（二）常用的上市公司估值法

对于上市公司的估值，目前常用的方法有两种：一种是相对估值法，如市盈率估值法（又称P/E估值法）、市净率估值法（又称P/B估值法）等；另一种是绝对估值法，如红利折扣估值法、自由现金估值法等。接下来我们对这两种上市公司的估值方法进行介绍。

1. 相对估值法

相对估值法是寻找具有优秀企业价值，同时市场价值（股价）低于企业内在价值的方法，其特点是简单易懂，而且也是目前投资者使用最为广泛的估值方法。在相对估值法中比较常用的有市盈率估值法、市净率估值法等。

相对估值法的作用在于反映公司股票目前的价格水平，判断公司股票价格处于相对较高的位置还是处于相对较低的位置。通过相对估值法计算得出的数据，进行不同行业之间、行业内部企业之间的相对估值，还可以通过公司的历史数据对比来进行相对估值。通过不同的对比数据找到市场中企业内在价值被相对低估的企业。

相对估值法也不是万能的，也存在缺陷。当市场出现大幅度波动的时候，市盈率（图8-1）、市净率（图8-2）等数据的变化幅度比较大，所以可能会在价值评定中产生误差。因此，投资者在使用相对估值法时，应多结合宏观经济、行业发展和公司基本面情况一同使用。

2. 绝对估值法

绝对估值法中常用的有红利折扣估值法和现金流估值法。绝对估值法通过公司以往的历史数据、当前基本面分析和预测公司未来的红利或者未来的自由现金流等财务数据，来获取企业的内在价值的估值。

相对于相对估值法，绝对估值法的优势就是通过财务数据得到企业内在价值的数据更加精准，所以更具有说服力。但是由于操作复杂、需要的数据较多、获取未来较为正确的数据比较不易，所以在实际的操作过程中很可能会影响到估值的精准性。

图 8-1　市盈率示意图

图 8-2　市净率示意图

（三）估值不确定性的解决方法

面对估值的不确定性问题，这里为新股民朋友介绍一下沃伦·巴菲特提出的两种解决方法：

（1）坚持买入尚留有很大的安全边际。巴菲特说："如果一项资产目前市价只略低于其内在价值，我们没有兴趣买入；只有在'显著折扣'时我们才会买入。"

工商银行（股票代码：601398）是世界银行中的第一大银行，世界500强排名前50的企业。从图 8-3 中可以看出，2014 年 3 月 12 日该股股价最低为 2.94 元，截至 2015 年 4 月 16 日股价最高为 5.63 元，其间涨幅达 91.50%。这只股票就是安全边际非常大的个股，所以会看到在此期间股价上扬且成交量不断放大的现象（图 8-3）。

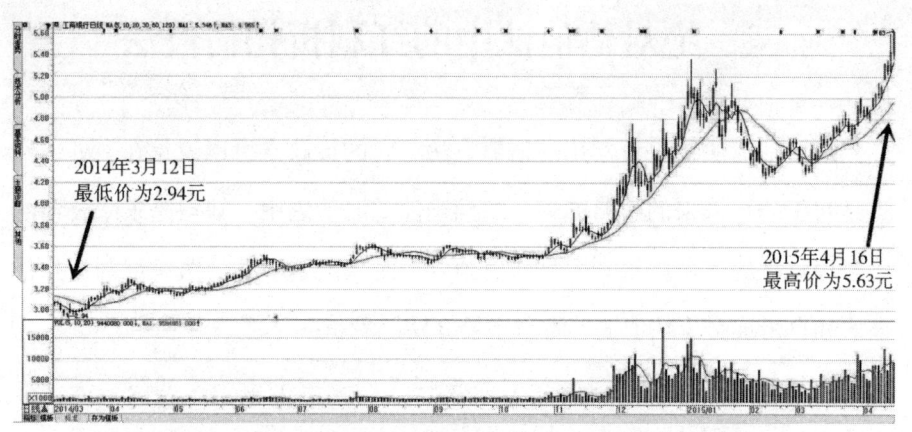

图 8-3　2014 年 3 月～2015 年 4 月工商银行日 K 线图

价值投资者在投资之前必须要对相应股票的内在价值进行评估，没有估值就没有方向，更无从谈起安全边界。每一分收获都是要留下汗水的，平时多积累多下苦功夫，了解并掌握行业背景，学习必要的知识，才能在估值时少犯错误，作出更加正确的决定。

（2）培养自己的能力圈，固守自己能理解的行业。培养自己的能力圈，选好定位，选自己比较了解的一个或者两个市场或行业领域，不要过多地分散精力。"多鸟在林，不如一鸟在手"。集中精力，进行深入地研究，做到有任何蛛丝马迹都能作出理性的判断，使自己能够随时发现市场或行业领域出现的各种机会，最大化加强对某个板块中的个股的认知，作出明智的投资决策。

对于新股民朋友来说，公司估值是一门艺术，想要体会到其中的真谛，需要大量艰苦的练习。虽然在练习的过程中有一定的困难，但是新股民朋友必须重视估值，没有估值，就无法为自己设立投资的安全边际。新股民朋友只要能判断出正确的方向，保持坚持不懈的精神，刻苦练习，掌握好行业环境的变化，这样就能使估值变得简单、实用。

二、绝对估值法中的红利折扣估值法

绝对估值法是一种常用的估值方法,它的优缺点可以说是在一处,优点是对于公司未来的收益能够反映到当前的股价之中;缺点是未来公司的收益很难把握,所以很不容易作出预判。常用的绝对估值法有红利折扣估值法和自由现金流估值法,本节主要介绍红利折扣估值法。

红利折扣估值法的基本核心是选择任何一家上市公司的股票进行投资,该公司股票的内在价值都是其将来所有现金流量依照资本的机会成本折现后得到的所有现值的总和。该估值法是从中小投资者的角度出发,以红利为主要依据进行股票估值。

红利折扣估值法是将股票投资获取的回报率比作折现率,把公司未来预期的红利收入折现,然后利用公式计算得到股价的估值,其中最为关键的一步是红利增长率的正确估算。

(一)常用的红利折扣估值法

使用红利折扣估值法的关键在于正确地估算红利增长率。该估值法主要分为单阶段红利折扣估值法、优先股估值法、高登增长估值法、二阶段红利折扣估值法、H-估值法、PRAT估值法等。

1. 单阶段红利折扣估值法

单阶段红利折扣估值法是最为简单的红利折扣估值法,是理解并使用复杂的多阶段红利折扣估值法的基础。该法适用于成熟的公司。

2. 优先股估值法

仅从估值这一方面来说,既可以把具有固定收益的优先股看作支付固定利息但没有到期日的债券,又可以把它看作支付固定红利的股票。

3. 高登增长估值法

高登增长估值法一般是对稳定成熟、支付红利的股票进行估值。因为这种估值法假设是在一定的会计期间内红利上升。该法适用于平稳增长的公司。

4. 二阶段红利折扣估值法

二阶段红利折扣估值法是根据行业生命周期的承受阶段进行估价模式和专利公司股票的估价。行业的生命周期一般分为四个阶段，分别是初创期、成长期、成熟期、衰退期。

5. H-估值法

H-估值法估值的前提是假设在成长期内的公司的成长率呈下降趋势，所以它适合新技术公司，并且它也是二阶段估值法。

6. PRAT估值法

PRAT估值法是用来计算公司增长率的一种方法，它的前提就是假设公司的红利不断地增长，公司的增长率不断提高。该法是评估公司增长率的高效手段。

PRAT估值法之所以在红利折扣估值法中被称为评估公司增长率的高效手段，是因为红利就是通过增长率来实现的，没有增长率，企业就没有收入，自然不会有什么红利。

（二）常用红利折扣估值法的实际操作

下面将根据上述红利折扣估值法的特点，为投资者详细地讲解各个估值法如何进行实际操作。

1. 单阶段红利折扣估值法的实际操作

单阶段红利折扣估值法是最简单的红利折扣估值法，是多阶段复杂的红利折扣估值法的基础。它适用于已知一年后收到的红利数量和预期一年后的股票价格。可通过如下公式表达：

基本价值估值=（预计一年后收到的红利数量+预计一年后的股票价格）/（1+应得到的回报率）

通过公式可以看到，单阶段红利折扣估值法需要的数据少，便于判定和计算。成熟公司未来一年的红利和股票价格一般不会特别难以计算。

例如，假设一家公司的当前股价为25.00元，该公司预计一年后的红利为4.00元，预计一年后的股价为40.00元，股票应得到的回报率为10%。那么，使用单阶段红利折扣估值法对该公司进行估值：

基本价值估值=（4.00+40.00）/（1+10%）=40.00元

通过计算得出40.00元是该公司的基本价值，对比当前股价25.00元，该公司的股票价值被严重低估，所以投资者得出结论后应该果断买入。

2. 优先股估值法的实际操作

优先股的估值前提是假设红利是固定的，没有任何形式的增长且没有任何形式的减少。可通过如下公式表达：

优先股估值=优先股股息(假设不变)/优先股投资的回报率

假设一家公司发行了一只面值为70.00元、年红利是10%且有固定利率的优先股股票，如果投资者应得的回报率是14%，那么这只优先股的估值是：

优先股股息=70.00×10%=7.00元

优先股估值=7.00/14%=50.00元

3. 高登增长估值法的实际操作

平稳增长型企业的特点是红利稳步增长的可能性非常大，而高登增长估值法的要求是假设红利不断增长，所以这时高登增长估值法大大接近了平稳增长公司的实际情况。因此，高登增长估值法适用于稳定成熟且支付红利的公司的股票估值。

高登增长估值法的计算公式如下：

基本价值估值＝当年已付红利×（1+红利增长率）/（应得的回报率－红利增长率）

＝预计一年后收到的红利/（应得的回报率－红利增长率）

举个简单的例子，一家公司每股派发5.00元红利，赢得回报率是8%，其平均红利增长率是4%。对于该公司的股价进行估值。

基本价值估值＝5.00×（1+4%）/（8%－4%）＝130.00元

4.二阶段红利折扣估值法的实际操作

二阶段红利折扣估值法之所以适用于专利公司，是因为专利公司的发展一般分为两个阶段，第一个阶段是专利保护期有效阶段，这个阶段是高成长阶段，由于公司处于专利保护期，公司的增长率会比较高；第二个阶段是指专利保护过期的发展阶段，这个阶段是平稳增长阶段，在这个阶段中，公司的增长率水平会先与同行业平均水平相近。

二阶段红利折扣估值法的具体公式：

$$V_0 = \sum_{t=1}^{N} \frac{D_0 \times (1+g_1)^t}{(1+k)^t} + \frac{D_0 \times (1+g_1)^N \times (1+g_2)}{(1+k)^N \times (k-g_2)}$$

其中：

D_0＝当年已付红利

g_1＝第一阶段增长率

g_2＝第二阶段增长率

k＝投资要求回报率

$N=$ 第一阶段的长度。

二阶段红利折扣估值法适用于行业生命周期的成熟期，而专利公司非常适合这种估值法，因为已经过了专利保护期的专利公司处于行业的成熟期。所以进行价值投资的投资者需要认清这一点，再进行分析、选择和抉择。

5. H-估值法的实际操作

H-估值法也是一种二阶段红利折扣估值法，它模拟的是在成长期内的成长率不断下滑。这很符合新技术公司的情况。

H-估值法的使用类型之所以适合新技术公司，举个简单的例子来说明。一家公司开发出一种新型的技术，需要一个6年的高增长阶段，在这个阶段中，公司的增长率不断上升。但随着其他公司的模仿，该公司的增长率不断下滑。所以，H-估值法虽然被称为二阶段红利折扣估值法，但主要适用于新技术公司。

其具体计算公式如下：

基本价值估值={［当年已付红利×（1-第二阶段增长率）］+［当年已付红利］×第一阶段的长度的一半×（第一阶段的增长率-第二阶段的增长率）}/（投资要求的回报率-第二阶段的增长率）

6. PRAT估值法的实际操作

PRAT估值法是用来估计红利增长率的，所以说PRAT是用来评估增长率的高效手段。

PRAT估值法的主要预测对象是具有可持续增长率的上市公司，因为持续增长率对于绝对估值法中的红利折扣估值法是非常重要的。

其具体公式如下：

可持续增长率=销售利润率（P）×利润留存率（R）×资产周转率（A）×财务杠杆（T）

销售利润率（P）=净利润/销售收入

利润存留率（R）=（净利润–红利）

资产周转率（A）=销售收入/总资产

财务杠杆（T）=总资产/净资产

PRAT 估值法具有以下几个特点：

（1）从公司的财务报表中可以很明确地找到该估值法所需要的数据。

（2）通过 PRAT 估值法分析得出，可持续增长率与公司管理层的两个经营指标分别是销售利润率和资产周转率，而两个财务决策指标利则是润存留率和财务杠杆。

三、绝对估值法中的自由现金流估值法

绝对估值法中的另一大类估值方法是自由现金流估值法。自由现金流估值法的核心是选择任何一家上市公司进行投资，其上市公司的内在价值都是该上市公司未来所有的现金流，依照股票投资获得的回报率折现得到的所有现值的总和。

投资者需要掌握的自由现金流估值法主要作用于公司之间的兼并收购，是对公司进行估值。所以说自由现金流估值法是站在公司的角度，将现金流量为依据进行股票估值。现金流分为如下两种：

（1）FCFF，一种流向整个公司的自由现金流。

（2）FCFE，一种流向股东的自由现金流。

它们各自的特点分别是：

（1）FCFF，流向整个公司的自由现金流以债务融资和股本融资的加权回报率作为折现率。

（2）FCFE，流向股东的自由现金流是以股票投资获得的回报率作为折现率。

这两种模式都是将公司未来预期的现金流折现，通过计算后得出股票的估值。而且它们的一个共同特点就是估值所需要的数据均能在上市公司公开披露的财务报表中找到。

（一）FCFF模式

FCFF模式的估值核心是先对公司整体进行估值，再将公司的负债扣除，得到股票的部分价值。该模式所需要的数据均能在上市公司公开的财务报表中找到。

针对我们上面提到的FCFF模式的特点，我们只需要关注上市公司的现金收入支出，不用考虑其他因素。对上市公司的资金流入流出情况主要关注两方面的情况，我们以表格的方式给投资者展现如下（表8-1）：

表8-1　资金流入、流出与经营活动、投资活动关系表

项目	经营活动	投资活动
资金流入	产品的销售收入和其他与经营活动有关的收入	投资收益、处置固定资产、无形资产和其他长期资产收回的现金净值
资金流出	接受劳务、购买商品、支付工资、房租、水电物业费和办公等费用	购置固定资产、无形资产和其他长期资产支出、投资者等资本性支出

FCFF模式的估值对象是整个上市公司，不只是股票那一部分，所以FCFF模式是很重要的。详细地说，如果搞清楚这个上市公司的整体价值，那么再估算股东的价值就不会那么困难，由于负债金额是相对固定的，用整个公司的价值减去负债金额就是股东的价值，接着再除以总股本就可以计算出每股的内在价值。

FCFF模式估值简单高效便于计算,并且非常贴合实际。虽然这种方法最适用于上市公司兼并收购使用,但是投资者也可以用这种方式对股票进行估值,为以后的投资计划做准备。

上文通过叙述讲解了FCFF模式的一个基本算法思路,但是流向公司的自由现金流量的计算方法很多,我们通过上市公司披露的财务报表,具体介绍一种适用范围最广也最重要的公式:

FCFF= 净利润 + 折旧 + 利息 ×（1- 税率）– 固定资本支出 – 运营资本支出

（二）FCFE模式

FCFE 模式,即流向股东的自由现金流量估值法,是直接对股票部分进行估值。该估值法需要的数据通过公司公开披露的财务报表可以找到。

FCFE 模式与 FCFF 模式都只关心上市公司的现金收入和支出,所以通过现金流的分析可分出以下三个层次（表8-2）:

表8-2 现金流入、流出与经营活动、投资活动、融资活动关系表

项目	经营活动	投资活动	融资活动
现金流入	产品销售收入和其他与经营活动有关的收入	投资收益、处置固定资产、无形投资和其他长期资产收回的现金净值	借款、发行股票等
现金流出	接受劳务、支付工资、购买商品、房租、水电物业费和办公等经营费用	构建固定资产、无形资产和长期资产支出、投资等资本性支出	偿还借款本金、利息等

FCFE 模式的计算方法如下:

(1) 从经营活动作现金流角度调整所得的估值:

FCFE= 经营活动现金流量 – 固定资本支出 + 净借款

（2）从净资产出发调整所得的估值：

FCFE= 净利润 –［（1– 资产负债率）× 固定资本支出］–［（1– 资产负债率）× 流动资本支出］

（3）从流向公司的自由现金流角度出发调整得到的估值：

FCFE=FCFF– 利息费用 ×（1– 税率）– 净借款（借款减去还债）

四、其他绝对估值法

AE 估值法、EVA 估值法和 APV 估值法是现金流量和红利估值法以外的绝对估值方法。这些估值法也是绝对估值法中非常重要的组成部分。

下面将一一介绍这三种绝对估值法。

（一）AE估值法

AE（超额收益）估值法是考虑股东成本超额收益的一种估值方法。它的计算过程非常简单，就是用净利润减去股东的机会成本。在它的计算过程中，会计的净利润不包括股权融资的成本。换句话说，会计的净利润只包括债券融资的成本而不包括股权融资的成本。

AE 估值法把股票的内在价值分为两部分，分别是当前股东权益的账面价值和未来所有超额收益的总现值。其具体计算公式为：

股票价值 = 每股净资产 + 后期内所有超额收益的现值

使用 AE 估值法计算股票的价值还有一个前提条件，新股民朋友必须对未来超额收益的增长方式进行假设。之所以要进行假设，是因为新股民朋友不可能清楚地知道未来每一个超额收益现金流量的现值，所以新股民朋友在使用 AE 估值法时一定要注意这个前提条件。

（二）EVA 估值法

EVA 估值法是一种全球非常出名的金融界用来衡量公司价值的估值方法。它主要是用来判定公司管理层在一个特定的年份里给股东带来的利润。

EVA 估值法与净利润的区别在于：EVA 估值法包括股本的成本，净利润不包括股本的成本。或者说，在计算 EVA 值的时候要从营业利润里扣除投入的成本，其中包括股本成本。

新股民朋友在使用 EVA 估值法的时候需要对财务报表进行以下几点调整：

（1）加上远期获益而支出的费用是计算税后净营运利润所必需的。

（2）实际购买的资产项目中加入经营租赁。

（3）实际支付的税款必须加入税后净营运利润进行计算。

（4）不是直接报销的研发费用要在计算税后净营运利润时加入营业利润中去。

EVA 估值法的具体计算公式为：

$$股票价值 = 每股净资产 + 以后超额收益的现值$$

假设一家公司的每股净资产为 3.50 元，且通过计算得到以后超额收益的现值为 0.31 元，那么其股票的价值就是 3.81 元，如果当前股价远远小于价值，那么新股民朋友就可以选择这只股票。

（三）APV 估值法

APV 估值法往往带有破产的悲情因素，主要从无负债和破产概率这两方面来对上市公司进行估值。

APV估值法的主要特征是：

（1）不需要进行假设固定的债务比率，因为这种估值法是对企业的整体进行估值。

（2）不需要假设固定的税率，因为它的税收计算模式必须依照法律条文。

（3）反映了股票投资者期望的回报率和运营现金流是相互独立的，折现率也没有杠杆。这就使不持续的现金流量可以被估值。

APV估值法的计算公式如下：

经营性资产 = 无负债时的公司价值 + 税收效益 – 预期破产成本

税收效益 = 利息费用 × 破产的概率

预期破产成本 = 破产成本 × 破产的概率

公司价值 = 经营性资产 – 非核心资产价值 – 少数股东权益

第九章 ◉ 选股的自我修炼

　　对于新股民朋友来说，找到牛股固然重要，但还有一点更重要，那就是选股之后的有效操作，这就需要股民进行自我修炼。比如，对牛股的持有、跟进等进行分析和决策，消除错误的思维模式和操作方式，分辨机会与陷阱等。只有学会这些选股后的操作技巧，才能把美好的想象真正变成现实。

一、独立判断，理性选股

由于缺少相关经验和实战经历，技术分析水平不高，很多新股民朋友在入市之初经常表现出一定的盲目性。其表现之一就是对股评"言听计从"，而缺少自己的独立判断。殊不知，这种"言听计从"本身就是一种不理性的行为。

由于*ST广夏[1]（股票代码：000557）的基本面不是很好，被众多股评评价为"垃圾股"，而正是这个冠名为"垃圾股"的股票，在2015年2月以最低价5.11元启动，一路上涨，截至5月13日，该股最高价已经涨至16.63元，其间涨幅达225.44%（图9-1）。

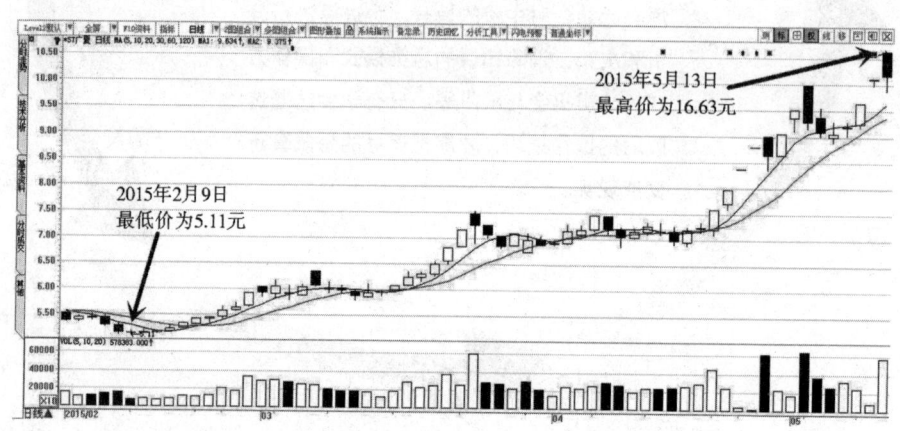

图9-1 2015年1月~4月*ST广夏日K线图

---

[1] ST广夏于2015年11月更名为西部创业。

（一）不可尽信股评

中国证券市场的一大特色就是有一大批股评"专家"，他们习惯于抛出各种观点、预测、内幕。诚然，我们并不否认其中的确有一些有经验、有心得、有技术的真正炒股专家。但新股民朋友也必须认识到，这样的专家只是其中的一部分，还有一些所谓的专家没有真才实学只会口若悬河地忽悠人，更恶劣的是有一些"专家"本身就是某些资本或者主力的帮手，在需要的时候煽动股民买进或者卖出，以协助主力出逃。

2015年4月25日晚间江山化工[1]（股票代码：002061）发布公告，称归属于上市公司股东的净利润为 –35848968.48元，同比下跌 408.54%。

仅仅在消息公布的第二天，就有部分媒体股评开始大肆看空该股，并且"奉劝"股民珍惜自己的资金，远离该股。但是正是在这种股评肆意泛滥的时候，该股却以 5.20 元的启动价格，一路高涨至 2015年4月30日的 15.40 元，其间涨幅高达 196.15%（图9-2）。

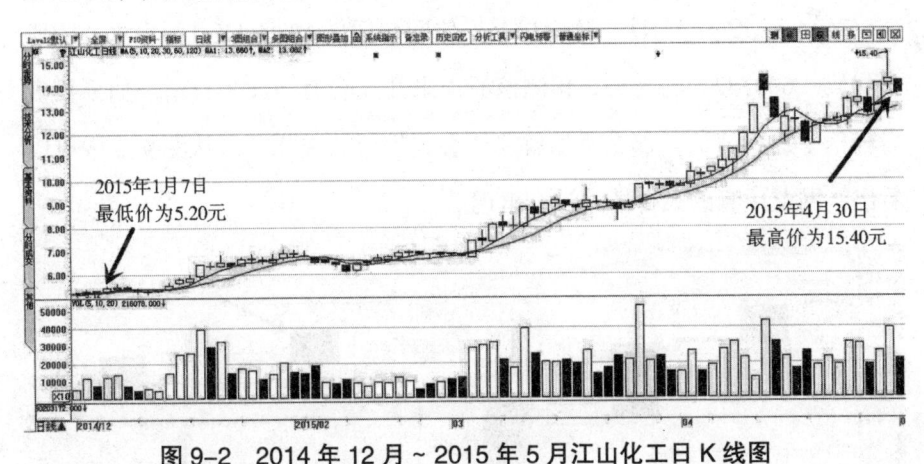

图9-2　2014年12月~2015年5月江山化工日K线图

股市最大的推动力量主要就来自主力或者机构。为了最大化地攫取利润，有些主力或者机构在建仓吸筹之前，往往都会找一些无良"专家"或

---

[1] 江山化工于2017年12月更名为浙江交科。

者媒体面对股民发布目标上市公司的利空消息,从而混淆视听,制造恐慌抛售,榨取低价的筹码;等到想出货的时候,他们又找黑心"专家"大肆推荐这只股票,或者直接发布利好传闻,诱导股民疯狂买入,吸引到更多的注入资金,最后满足一己私利。

显然,我们很多新股民朋友往往不清楚这里面的"黑幕",习惯性地将各种专家当成权威,甚至把专家的评论当成自己炒股的风向标。专家说要涨,他们就会疯狂买进;专家说要跌,他们就会恐慌卖出,结果可想而知。

(二)不可尽信网络信息

从网络中搜集股市相关信息固然方便、快捷,但是其中也有一定的风险。聪明的投资者总是通过权威的新闻媒体和报刊获取大量的信息,并参考网络上的信息,进行综合的比较分析,确定真伪。但是网络提供的信息大多数没有多少参考价值,甚至一些信息还会误导投资者。

2014年12月11日,某论坛上一位网友凭借12月11日国中水务(股票代码:600187)的走势,预测该股未来几天会有一波大行情。如果投资者轻信了这种言论,那么恐怕就要体会到失望的滋味了。从图9-3中可以看出,网友预测的大行情并没有出现。

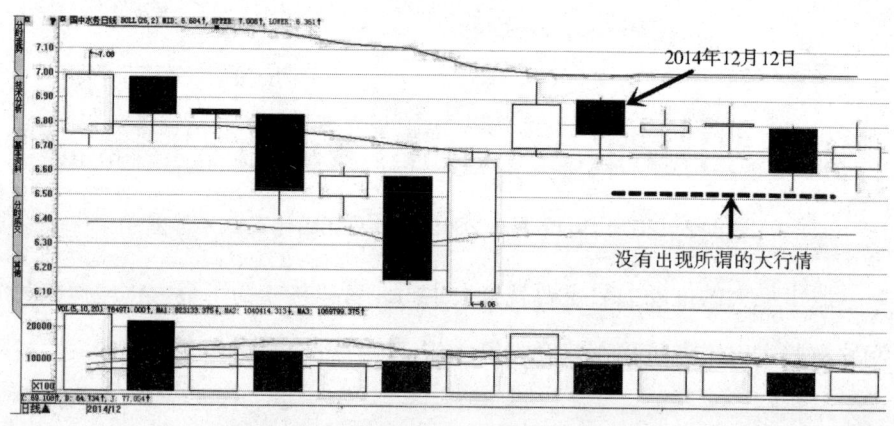

图9-3 2014年12月国中水务日K线图

对此，新股民朋友一定要有理性的、独立的判断，通过不断实践和学习，丰富自己的炒股知识和技术，建立正确的投资理念和科学的操作方式，只有这样才能真正做到不盲从，也才能真正不被误导，靠技术和知识赚钱，而不是靠运气。

且不说股评专家的话是否具有权威，是否能引导我们的股市投资赚钱，仅是对别人"言听计从"这种行为本身就非常不可取。新股民必须以此为戒。只有通过对知识和技术的学习产生独立的思考和判断，才能最大化地降低股市的风险。

二、关注趋势线，而非小利

股市投资相较于其他投资方式有其最本质的特点，如巨大的风险和收益。常在股市掘金的人都明白一个道理，那就是股市投资的成败更多的是取决于对趋势的把握以及技术分析技能的高低，而试图靠买进、卖出之间几分钱差价而获利的行为，其实是没有办法真正盈利的。

很多新股民朋友刚刚进入股市时，经常谨小慎微，具体表现就是会经常性地尝试预测每一次细微价格波动而带来的微小收益和损失。有些股民更在进行买卖挂单的时候，买入挂在现价之下几分钱，卖出挂在现价之上几分钱。

对于炒股来说，这种细心和谨慎的确是必须的，但用在具体炒股操作行为上却是万万要不得的。在大趋势下，几分钱的小得失对于整个趋势和波段来说，不值一提。因此，对于新股民朋友来说，与其计较小利，不如学会顺势而为，根据大势变化买入、卖出，靠趋势赚钱。

在沪深两市连续"熊"了多年以后，终于在 2014 年下半年迎来了牛市行情，股民也从悲伤中逐步走了出来，投资热情变得越来越高。友利控股[1]（股票代码：000584）在经过了长时间的底部横盘行情后，于 2014 年 6 月 24 日达到最低价 4.70 元，借着牛市行情，该股开始转跌为升，最终在 2015 年 5 月 19 日涨至 16.14 元，其间涨幅达 243.40%（图 9-4）。

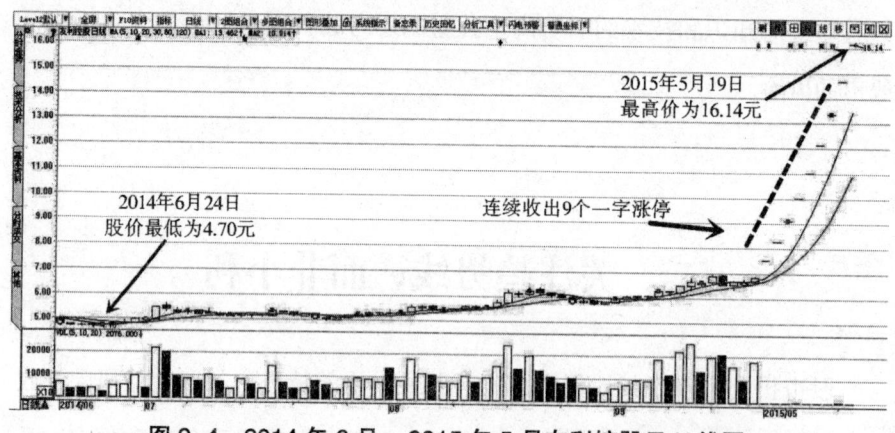

图 9-4　2014 年 6 月～2015 年 5 月友利控股日 K 线图

"站在风口上，猪都能飞起来"在股市掘金，最重要的就是看准大趋势。那么什么是大盘或者个股的趋势呢？它可分为几种，又都代表什么意思呢？

（一）上升趋势线

在股价持续上涨的过程中，将每次的调整低点相连会形成一条趋势线，在此后过程中，如果后面每个高峰与低谷都高于前面的高峰和低谷，那么这条整体上升的趋势线就是上升趋势线（图 9-5）。

---

[1] 友利控股于 2017 年 8 月更名为哈式智能。

图9-5 上升趋势线示意图

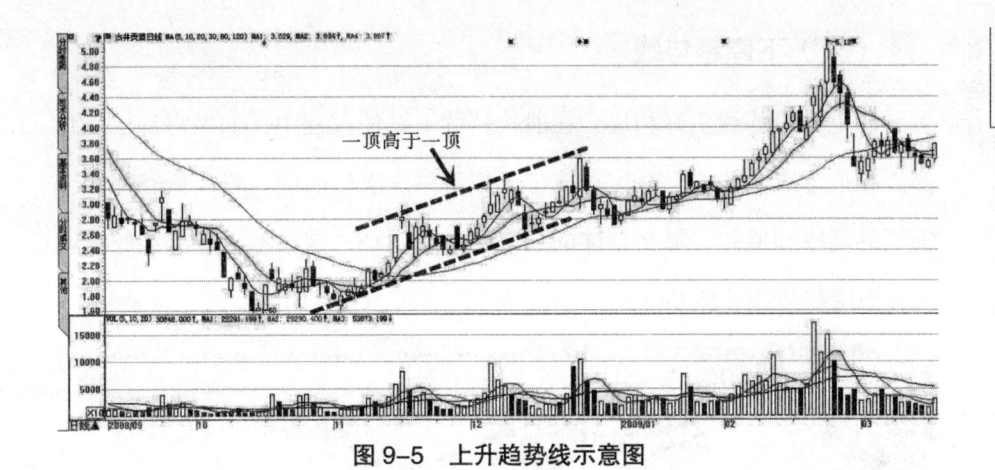

（二）水平趋势线

如果价格图形中后面的高峰和低谷与前面的高峰和低谷相比，没有明显的高低之分，几乎呈现水平延伸，这时的趋势就是水平趋势线（图9-6）。水平趋势线是股价持续横盘整理过程中，将每次的低点或者高点相连而形成的横线延伸线。在水平趋势线中，可以比较直观地看到股价并没有太大波动，不会有明显的上升和下降趋势。

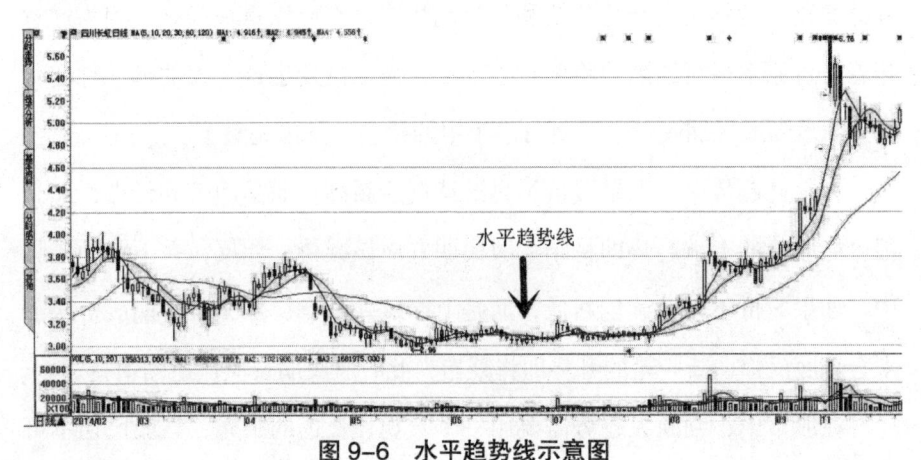

图9-6 水平趋势线示意图

（三）下降趋势线

和上升趋势线正好相反，在股价持续下跌的过程中，如果将每次反弹高点相连形成一条线，在这条线中，如果每一次后面的高峰和低谷都低于前面的高峰和低谷，那么整体的趋势就是在下跌，这条呈下降趋势的线就叫作下降趋势线（图9-7）。

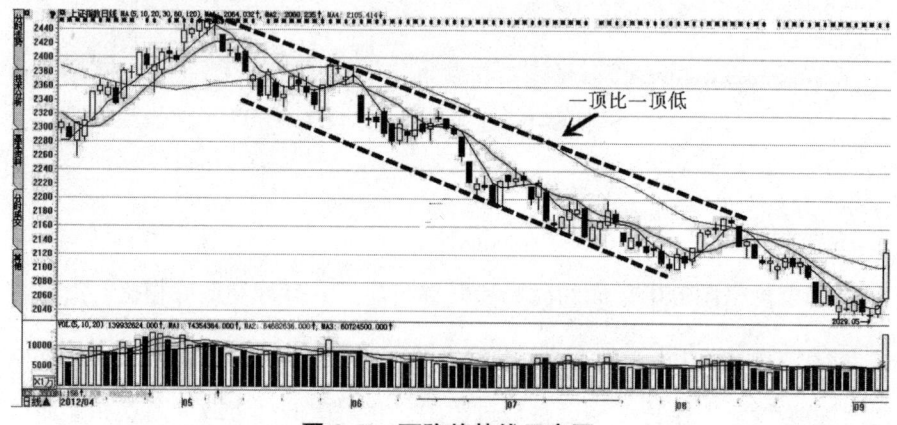

图9-7　下降趋势线示意图

在股票运行过程中，新股民朋友在K线图上无论发现趋势线出现上面哪种变化，特别是上升趋势线和下降趋势线，都应该重视起来，因为这意味着股价原本运行的趋势将要发生改变，而无论发生这上面的哪一种变化都意味着新股民朋友可能要对自己手中的持仓量做出调整了。

在上升趋势中，如果股价不再继续创造新高，而是回落到低点，那么很可能股价的上涨趋势即将结束股民朋友应该减持；相反，在下跌的趋势中，如果股价不再继续创新低，而是上穿反弹高点，那么很可能股价接下来会触底反弹，新一轮的升势即将开始，此时股民朋友应该适当增持。

在股市中，判断大趋势需要用一个宏观、长远的眼光，新股民切不可拘泥于一时一地、几分几毛的小利，而是要学会通过对大趋势的理性判断，把握趋势赚大钱。

三、动态看待个股估值

"无论购买多少股票，都要把它看作购买部分该上市公司，用发展的眼光去判断股价的涨跌，挖掘上市公司相关股票的内在价值，而不是仅仅凭借外在的价格就决定或者否定一只股票"，美国投资大师沃伦·巴菲特如是说。

真正的股市高手从来不会认为自己仅仅购买了一只股票，在他们看来，即便股票再少，也是投资了该上市公司。其中有什么区别呢？巴菲特的话说得很明白，如果股民把自己购买股票的行为看成是在投资一家公司，就会用发展的眼光去判断它的价值，而不是一时的价格高低。

对于新股民来说，如何才算是用"发展的眼光"来判断一只股票是否值得投资呢？股票的未来价位又该如何预测呢？为了弄懂这些问题，我们需要了解一个名词——估值。

具体来讲，"估值"是指评定一项资产当时价值的过程，同时通过估值也能预计出其能够达到的价值。对于新股民朋友来讲，估值的最大意义就是判断一只股票当前的价格是否合理，有没有被低估，有没有被高估，从而根据估值结果决定自己的股市行为。比如，找到并投资被低估的股票，卖出被高估的股票等。

在股市中，影响估值的因素有很多，因此整个估值是一个相对复杂的过程。具体到方法上，因为所评估内容的不同，方法也不相同。比如，对投资者预期回报就要采取对投资者预期回报的估值方法；对企业盈利能力进行估值，就要采取对盈利能力估值的方法等。新股民朋友往往缺乏经验，想要全面掌握这些估值方法无疑具有难度，且实践起来也不现实。因此，在这里介绍一种比较简单、实用的估值方法——动态估值。

动态估值的分析工具为"动态 PE+PEG",其中,动态 PE 指的是上市公司的动态市盈率,PEG 则指的是市盈率相对利润增长的比率,所谓的动态估值指的就是通过分析上市公司的动态市盈率以及市盈率相对利润增长的利率,来动态地看待和分析一只股票的价值高低。

其中,动态 PE 也就是上市公司的动态市盈率的计算公式为:

动态 PE= 当前股价 ÷ 公司未来 1 年可能实现的每股收益

PEG 是动态市盈率相对利润增长的比率,计算公式为:

PEG= 动态 PE ÷ 公司未来 3 年或 5 年的每股收益复合增长率

从本质上说,动态 PE+PEG 的动态估值方法其实是 PE 估值也就是市盈率估值的衍生版本。而从效果来看,它比 PE 估值科学和准确了很多。一方面,它弥补了 PE 估值对企业动态成长性估计的不足;另一方面,它不仅能够计算出股票现有价格的安全性,也能够预测企业未来盈利的确定性。

那么新股民朋友应该如何看待 PEG 具体数值所代表的不同意义呢?

(一)PEG值大于1

如果 PEG 值大于 1,那么就意味着当前股价很可能被高估,或者市场普遍认为该企业的业绩成长性会比市场预期的还高。对于新股民朋友来说,手中持有这样的股票,无疑具有一定的风险性。

(二)PEG值小于1

PEG 计算结果如果小于 1,那么当前股价很可能被低估,或者市场普遍认为其业绩成长性可能比预期的要低,这种情况通常出现在价值型股票中。而对于新股民朋友而言,找到被低估的股票,发现其真实价值,选股的时候自然就等于多了一个选择。

（三）PEG值等于1

PEG值等于1意味着当前股价比较真实、客观，也就是说市场赋予这只股票的估值可以充分反映其未来业绩的成长性。

每个人选股都愿意选择那些价格比实际价值低的股票，因为这就意味着在未来这只股票还有充分拓展获利的空间。道理很简单，大部分人也都明白，但是股价是否已经低到值得长期去持有，却不是一件容易判断的事情。这个时候，要想准确判断，就必须要考察一下这家上市公司近几年的净利润增长情况，随后就可以计算PEG了。

例如，一只股票未来3年每股收益复合增长率是150%，计算出来的动态PE值为1，那么通过计算，得出PEG值为0.67，小于1，说明当前这只股票的价格很可能是被低估了，那么当前很可能就是一个很好的投资机会。

据权威评估机构资料显示，金科股份（股票代码：000656）2012年下半年平均PEG值为0.089，也就说该股股价处于被严重低估的状态。从图8-1中可以看到，2012年9月27日该股最低价仅为2.64元，由于其本身价值要远高于此，因此后市股价一直在向着价值靠拢。截至2013年1月21日，该股最高价格已经回归到5.06元的位置，上涨幅度达91.67%（图9-8）。

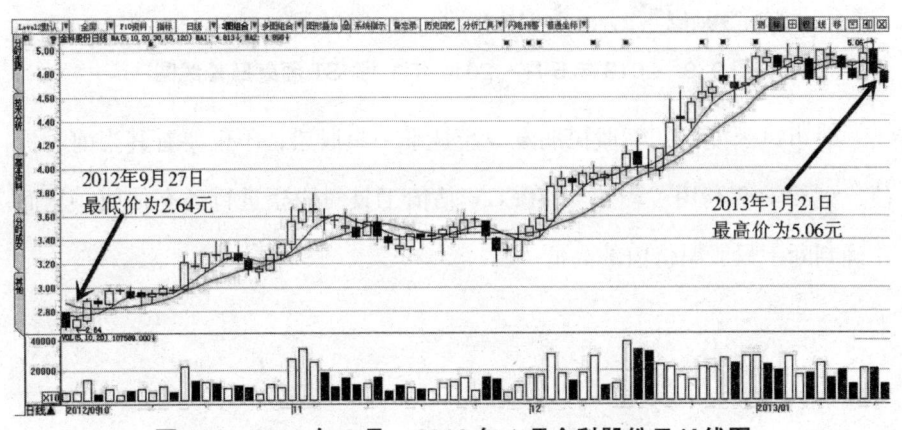

图9-8　2012年9月～2013年1月金科股份日K线图

影响股价的因素有很多，所以股价被低估或者高估都是非常正常的事情。对于新股民朋友来说，被低估往往意味着更多的投资机会，新股民朋友完全可以低价买到"高档货"。而另一方面则与此正好相反，股价一旦被高估，那么就意味着后市价格很可能就会向其实际价值回落，如果盲目追高，风险性极大。

据有关资料显示，2013年下半年 *ST 酒鬼[1]（股票代码：000799）的 PEG 值高达 11.3，处于股价被严重高估的态势，后市该股很可能会因为价格回归价值而产生暴跌行情。从图 8-9 中可以看到，2013 年 5 月 29 日，该股最高价为 22.20 元；而到了 2014 年 1 月 10 日，该股股价已经下跌至 12.33 元，其间跌幅为 44.46%（图 9-9）。

图 9-9　2013 年 5 月～2014 年 1 月 *ST 酒鬼日 K 线图

股市风云变幻，新股民朋友要想选准一只股票，不仅要看其当前的价值，更要学会利用"动态 PE+PEG"估值工具对股票进行动态估值，从而正确判断一只股票价值的高低。

---

[1] ST 酒鬼于 2016 年 4 月扭亏摘帽，证券简称变更为酒鬼。

四、区别对待快牛与慢牛

通常，人们会根据牛股涨势的快慢、缓急将其分为"快牛"和"慢牛"两种。"快牛"与"慢牛"有着截然不同的本质差别和表现，新股民朋友需要采取不同的手段和操作方式才能将其"驯服"。

下面是有关快牛股和慢牛股的两个不同案例，通过其具体表现和走势，我们就能够分析出两者之间的区别。

（一）慢牛

皖通高速（股票代码：600012）主要业务为持有、经营及开发安徽省境内收费高速公路及公路，目前已经拥有四条高速公路和一条一级公路，分别为合宁高速公路、高界高速公路、宣广高速公路、连霍公路安徽段和205国道天长段新线。该公司经营的路段多为国家东西向大通道，在国内道路修建、管理中占据着重要的地位。

皖通高速就属于比较典型的慢牛股，从图9-10中可以看到，2014年4月22日，该股最低价为3.81元，在经过较长时间的上涨后，于2015年5月11日达到最高价12.00元，虽然其间的涨幅达214.96%，但是经历的时间却相对较长。

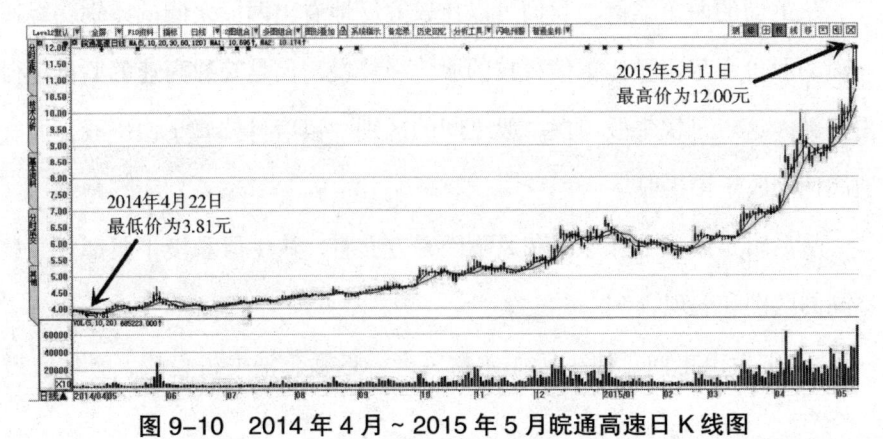

图9-10 2014年4月～2015年5月皖通高速日K线图

（二）快牛

银信科技（股票代码：300231）是一家全国性、专业化的 IT 运维服务整体解决方案提供商，主要面向各行业数据中心的 IT 基础设施，提供 IT 支持与维护服务、IT 专业等服务。在互联网快速发展的今天，由于有着政策的扶持，其相关股票自然也是积极发展。

2015 年 3 月 12 日，该股最低价仅为 13.18 元，而到了 5 月 19 日，该股已经上涨至 34.69 元的高价，短短两个月左右的时间，涨幅就达 163.20%，可以说是一只"牛性"十足的快牛股（图 9-11）。

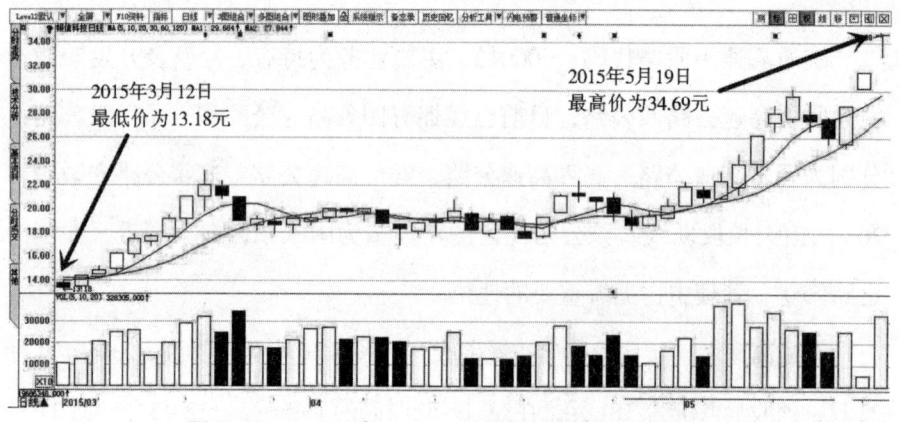

图 9-11　2015 年 3 月～5 月银信科技日 K 线图

从上面的两个案例，我们可以比较容易地看出两股之间的差别：皖通高速的股价涨势明显比银信科技的股价涨势慢，但是皖通高速的股价走得更稳健。这就是快牛股与慢牛股之间的区别。银信科技属于快牛股，而皖通高速则属于慢牛股。

从后市走向、上涨原因和风险因素方面看，快牛股和慢牛股都有截然不同的区别和表现。

（1）后市走向。快牛股如龙卷风来得迅猛，消失得也快，具体表现

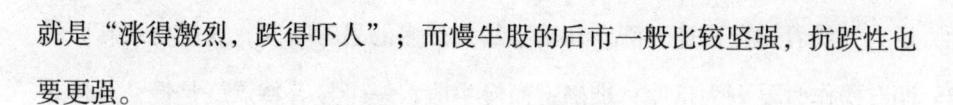

就是"涨得激烈，跌得吓人"；而慢牛股的后市一般比较坚强，抗跌性也要更强。

2013年9月4日，华谊嘉信❶（股票代码：300071）最高价格为11.39元，在经过短时间的大幅上涨后，于10月8日上涨至20.38元，其间涨幅达78.93%，呈现出一种"快牛"姿态。但是在达到20.38元的高位后，该股就迅速下跌，甚至一度下跌至起涨点之下（图9-12）。

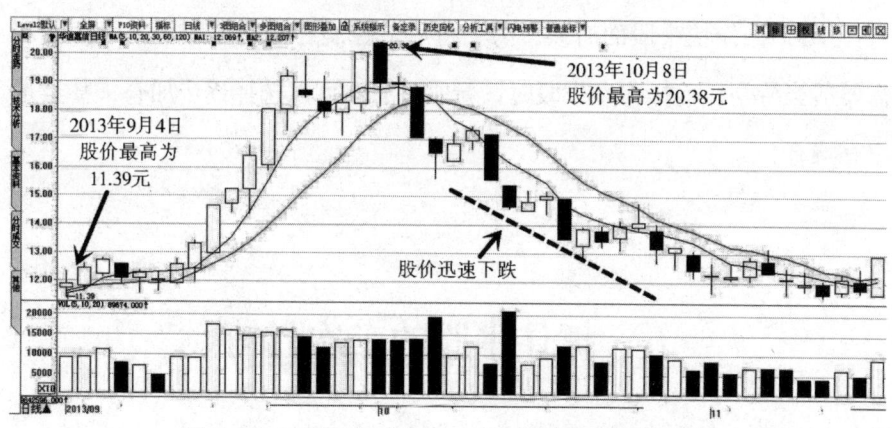

图9-12　2013年9月~11月华谊嘉信日K线图

（2）上涨原因。快牛股经常是伴随市场热点和炒作热气迅速上涨，而慢牛股的上涨凭借的则是自身优秀的基本面。

（3）风险因素。慢牛股中蕴含的风险要明显低于快牛股，因为慢牛股的回调幅度比较小，而快牛股的回调幅度会比较大，获利抛出盘也比较猛烈。

基于快牛股与慢牛股这些不同的特点，新股民对其的态度和操作方式也就必须有所区别：

（1）快牛股，常常走的是迅猛、快速的路线，具体表现就是随着市

---

❶　华谊嘉信现为*ST嘉信。

场人气或者热点快速上涨，几乎不给人过多的思考时间，这就要求新股民朋友操作时要更为迅捷、准确；而慢牛股，一个显著特点就是慢，具体表现就是上涨周期比较漫长，在这段时间内，新股民朋友观察、研究和分析的时间会比较充裕，因此也更容易把握一些。

（2）快牛股由于上涨速度快、短时涨幅大，因此比较适合在牛市行情时选择；慢牛股抗跌性更强，因此更适合在熊市行情中持有。

（3）操作快牛股的时候，为了将风险控制在一定范围，新股民朋友需要适当持仓；而操作慢牛股时，新股民朋友可以选择逐步加仓，甚至是全仓持有。

五、抓住牛股的二次行情

股市晴雨难辨，很少有人能判断出什么时候股价已经达到历史最低点，最终直抄底部。这是再正常不过的事情，但这也不意味着股民就彻底失去了抓住牛股获利的可能。正常情况下，即便已经错过了第一次行情，但如果能够在股市回调的第二次行情到来之际，准确把握，同样也能获利。

（一）抓住第二次行情

在股市中，主力几乎存在于每一只牛股背后，按照市场波动节奏洗盘、震仓、回调，以便择机再次杀出一波主升行情。对于新股民朋友来说，这个时候就是第二次杀入的机会。

江苏旷达[1]（股票代码：002516）的一般经营项目包括：化工产品的开发、生产和销售；压力容器设计，化工及机械设备的设计、制造、销售、安装和技术服务等。2014年12月中旬~2015年1月初，该股第一波缓慢持续上涨行情逐渐步入尾声，随后开始进行小幅回落调整。如果新股民朋友能够在此时积极买进该股，那么就能够吃到该股的第二波上涨幅度更大的行情（图9-13）。

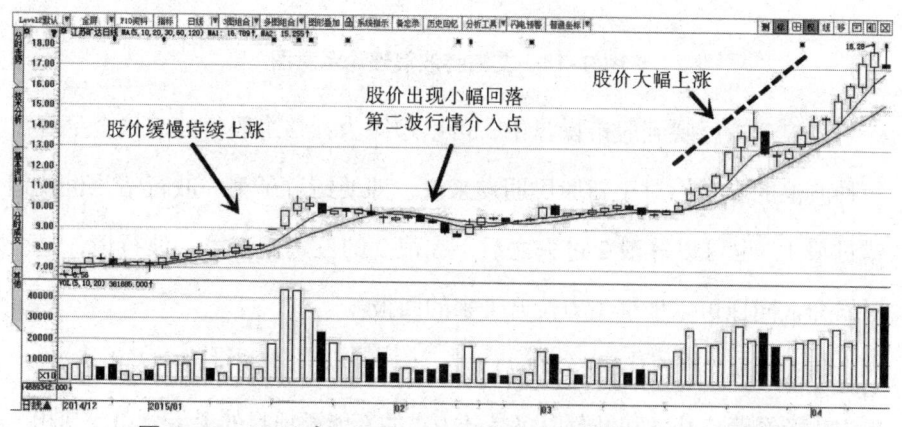

图9-13　2014年12月~2015年4月江苏旷达日K线图

（二）波浪理论

美国证券分析家拉尔夫·纳尔逊·艾略特有一个著名的波浪理论，根据这个理论，在股票市场中，股价最终会以一种特定结构的五浪形态向前推进。其中，三个浪浪1、浪3、浪5虽然被两个浪浪2和浪4的逆势调整所分割，但这却是真正决定股票价格方向的运动。艾略特还总结出了五个浪形态中的三个永恒定律：浪2的运动永远不会超过浪1的起点，浪3永远不是最短的一浪，浪4永远不会进入浪1的价格范围（图9-14）。

---

[1] 江苏旷达于2015年8月更名为旷达科技。

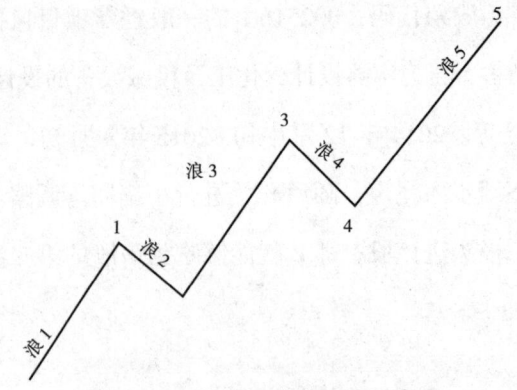

图 9-14　艾略特波浪理论示意图

波浪理论反映到股市操盘中,可以理解为:整个股价的起伏会呈现出一种波浪的形态。对于新股民朋友来说,即便错过了第一波行情,也就是错过浪 1,也可以等浪 2 过去之后,在浪 3 的位置发现第二波行情,这个时候介入同样可以坐享主力拉升带来的回报。

川投能源(股票代码:600674)是一家主要从事川投能源主营电力开发、电力生产经营;开发和经营以多晶硅为主的新能源项目的上市公司。其相关股票自 2014 年 8 月起在经过一段小幅上涨后,逐渐形成了波动向上运行的趋势,通过结合波浪理论来分析,在该股波动向上运行的过程中,每一次股价下跌到下边界线附近的时候,都是一次非常好的介入时机(图 9-15)。

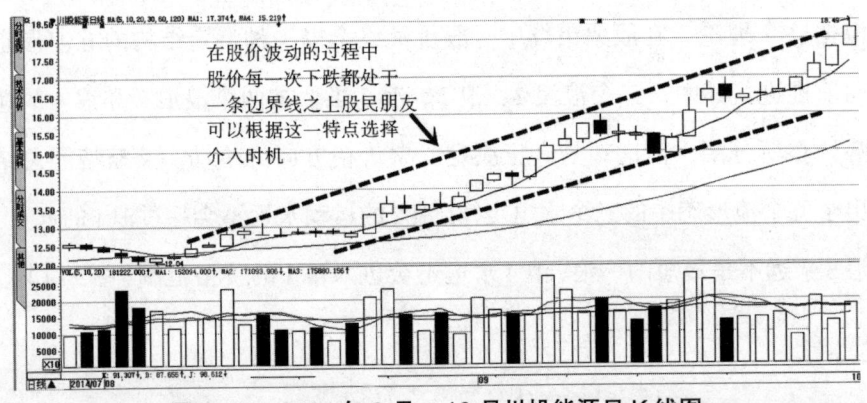

图 9-15　2014 年 8 月～10 月川投能源日 K 线图

总之，对于新股民朋友来说，在股市中炒股要掌握趋势发展变化的规律，在股价震荡回调中，在第二波市场行情到来之时，抓住时机，获取丰厚回报。

六、选股失误，务必及时止损

风险来临之时，及时止损就是最大收益。所谓止损，就是指当手中持有的某一只股票出现亏损并达到了止损位置时，采取清仓出局的策略，以避免出现更大的经济损失。

不要说实战经验和知识储备还不充足、不丰富的新股民朋友，就是老股民也难免会有选错股票的时候。选错股票，便意味着要承受一定的经济损失。

因此，一旦确认选错股票，新股民朋友就必须及时止损，通过及时的挽救措施帮助自己尽量减少经济损失。

股市就像是游乐场，本金就像是游戏币，想要玩得久，就不能一次就把游戏币输得精光。具体来讲，在股市中，止损主要有以下几种方式。

（一）基本面止损

基本面止损是指新股民朋友可以对市场宏观面或者公司基本面进行观察，研判其是否出现了本质性的变化——趋势和局面是否已经出现了非常严重的恶化情况，如果答案是肯定的，那么就要果断斩仓出局，断尾求生。

通常来讲，基本面一旦情况恶化，那么短时间内往往难以发生实质性逆转，这个时候承受来自宏观经济、上市公司经营等多方面的风险，市场估值会下降，投资者渐失信心，往往会选择疯狂抛售，想要坚持下来需要承受巨大的心理压力和账面亏损。对于新股民朋友来说，这往往是不可承受之重。

2013年5月末至6月末，上证指数呈现单边下跌的态势，一度从2334.33点下跌到1849.65点，在这段下跌行情中，跌幅达20.76%，这说明大盘趋势出现了明显的恶化。此时，对于新股民朋友来说，下跌并不是最可怕的事情，最可怕的是遇到趋势恶化的情况时，股民却依旧不知止损，从而将自己的亏损进一步扩大（图9-16）。

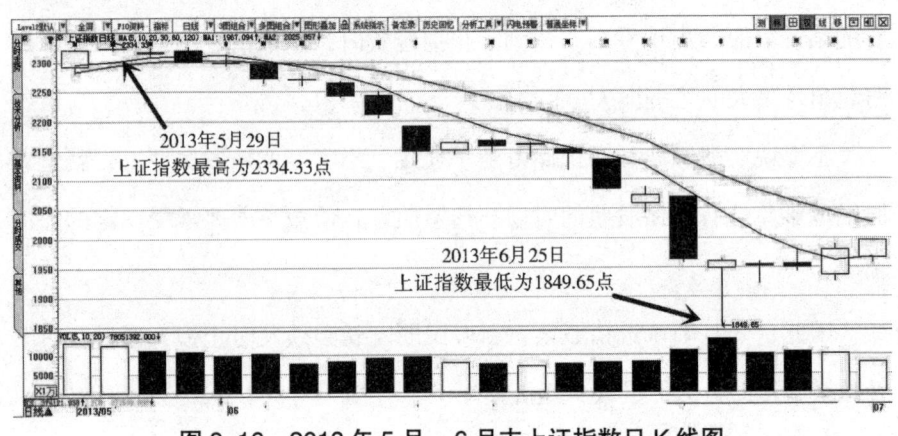

图9-16　2013年5月~6月末上证指数日K线图

（二）技术面止损

和基本面止损相对的就是技术面止损。技术面止损就是将技术分析与止损设置相结合，也就是说在市场的关键点位设定止损位，然后根据技术图形和指标的走势来进行止损，从而将风险和亏损控制在一定范围。亏损是任何人都不愿意看见的，并且更多的时候新股民朋友抱着侥幸的心理，相信股价还会回升。因此，技术面止损不仅要求新股民朋友具有较强的技术分析能力，而且要求新股民朋友的心理素质也一定要过硬，最主要的表现就是一定要严格按照计划行事，不能存在侥幸心理。

从技术角度来讲，技术面止损又可分为均线止损和K线形态止损两种。

（1）均线止损。均线止损是股市实战中比较常用的一种止损方法，经常在股价跌破某一条均线的时候使用。一般来讲，短期均线采用的是10日均线，而中期均线采用的是30日均线。运用这种方法时，需在此前将股价有效跌破均线位置设定为止损点，特别是当均线由上升转头走平或者下降时，新股民朋友需要立即止损离场。通常由于侥幸心理，在股价跌破均线时，股民朋友往往不是果断出局，而是不断下调止损点，结果是损失得更多。因此，使用这种方法时，必须能够理性克制，严格按计划行事（图9-17）。

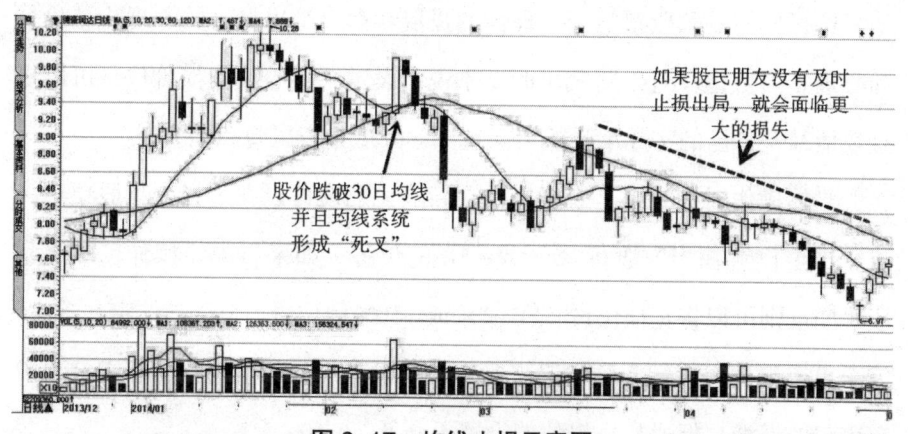

图9-17　均线止损示意图

（2）K线形态止损。K线形态止损指的是当股价在运行的过程中可能会形成头肩顶、圆弧顶等见顶形态，一旦顶部形态确认，通常就意味着在接下来会发生较大幅度变化。新股民朋友需要对此设立止损点，一旦确认头部就应该果断止损出局（图9-18）。

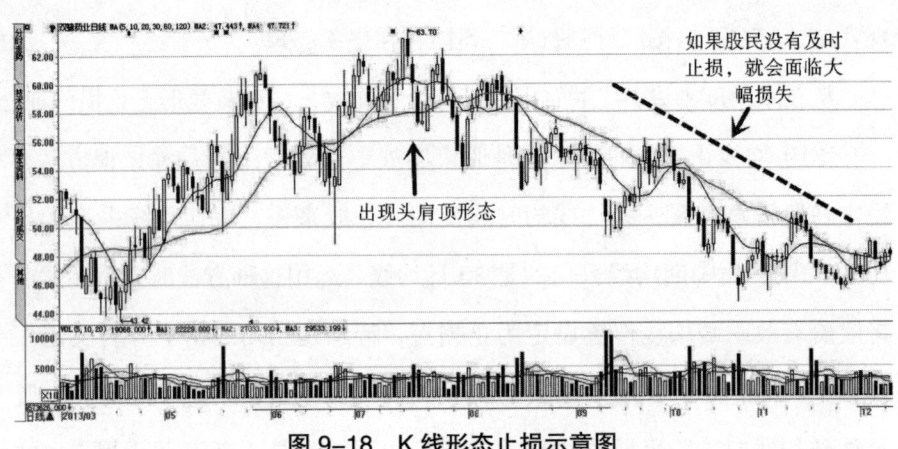

图 9-18　K 线形态止损示意图

（三）心理价位上止损

选择任何一只股票之前，理性的投资者都会给出自己的心理止盈价位和心理止损价位。对于新股民朋友来说，设定一个心理止损价位，可以更有效地结合自己的实际承受能力来止损，降低投资风险和损失。

具体操作时，如果是短线操作，新股民朋友可以在选择一只股票后，将止损位设置在当前股价 -2% 或 -5% 的位置；如果是中线操作，那么新股民朋友则可以将止损位设置在 -7% 或 -10% 的位置。至于具体定在多少，完全可以根据个人的实际情况来确定，并没有十分严格的技术要求，也没有固定的标准，但通常止损位的设置不会低于 -10%。

对于新股民朋友来说，一次错误的选股其实并不可怕，如果能及时止损，那就还有可能打一场翻身仗。不管是在牛市还是在熊市，新股民朋友都必须做好止损的准备。特别是市场出现重大变化或者自己之前判断出现重大失误的时候，更要按照以上几种方式做好止损操作，以确保将损失降到最低，为下一次更明智的投资作准备。

七、全仓杀入，逢高减仓

股市有风险，入市需谨慎。在股市中，无论股民朋友炒股知识多么丰富，炒股技术多么高超，即便是"股神"，也无法全然规避风险。对于新股民朋友来说，由于炒股知识和技术的欠缺，风险更要高一些。但这并不意味着股民朋友在风险面前束手无策。相反，在股市中，股民朋友仍可以采取一些较为科学的牛股操作方式掌控风险、规避风险或者降低风险系数，如全仓杀入、逢高减仓等。

在股市中，"全仓杀入"和"逢高减仓"是一种攻防兼备的操盘方式，而对此的操作则需要新股民朋友利用当前市场趋势变化与股价技术指标综合分析。对于新股民朋友来说，这是必不可少的步骤。

（一）全仓杀入

在操作方式上，新股民朋友首先需要根据自己的资金情况选择2~3只股票，选好时机成功介入。买入之后，新股民朋友需要从基本面的角度来观察大盘的整体情况，以及个股的长期发展趋势，等到大盘底部构筑成功之后，再从技术面的角度观察趋势线、均线系统等各项指标是否已经开始转势走强。如果各项指标都表现出了强烈的买进信号，那么新股民朋友就可以将自己的持有成本尽可能拉低，甚至果断全仓买进。如此一来，不仅能够提高实际投资效率，而且可以有效地降低风险。这就是"全仓杀入"。

2014年7月至8月，上证指数的底部逐步构建完成，到了9月的时候，股指开始逐步回升，市场投资热情由萎靡逐渐演变为高涨。渤海活塞❶（股

---

❶ 渤海活塞于2018年6月更名为渤海汽车。

票代码：600960）紧随大盘脚步，于 2014 年 12 月底构筑完底部后，股价一路走高。2014 年 12 月 31 日，该股最低价仅为 3.37 元。2015 年 1 月 13 日至 15 日，该股 5 日均线连续上穿 30 日均线与 120 日均线，显示出非常强烈的买进信号。经过一段大幅上涨后，该股最高价在 2015 年 6 月 12 日达到了 20.98 元，期间涨幅达 522.56％。如果新股民朋友能在底部构成的时候全仓杀入该股，那么就能将自己的获利空间扩展到最大（图 9-19，图 9-20）。

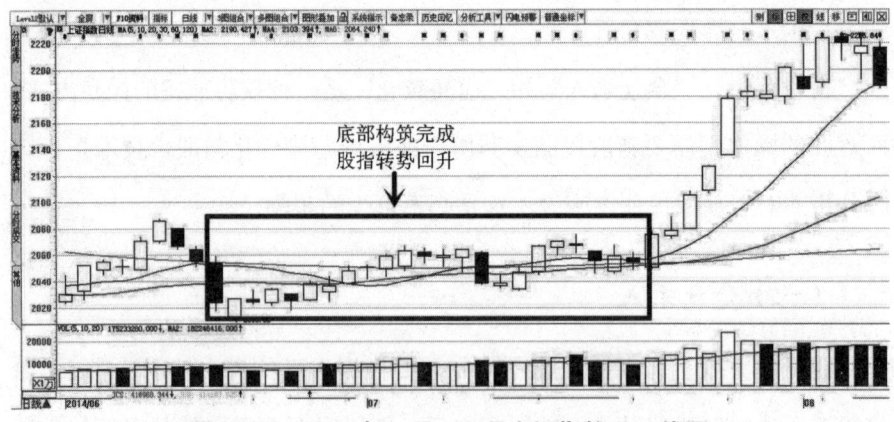

图 9-19　2014 年 6 月～8 月上证指数日 K 线图

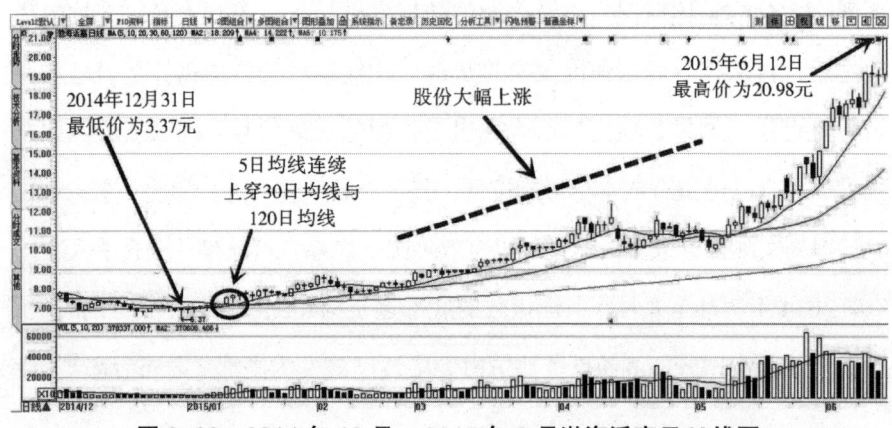

图 9-20　2014 年 12 月～2015 年 6 月渤海活塞日 K 线图

在选择运用全仓杀入策略的时候，要注意从基本面的层面上研判大盘和个股的长期走势，如果没有基本面的支撑，全仓杀入之后很可能就会被套牢。

（二）逢高减仓

对于新股民朋友来说，选对股票是获利的基础。而买入后的操作水平则决定了获利空间的大小，以及后市风险的大小。因此，买入后，新股民更要时刻关注股票的走势。在这个过程中，如果某一时刻股票涨幅较大，那么就可以综合判断市场人气、技术、数据等因素，在合适的时机进行短线操作，一方面保证锁住利润，另一方面也能降低持仓成本，加速资金流动、提高资金运行效率。这就是我们所说的"逢高减仓"。

中江地产[1]（股票代码：600053）是一家以房地产开发、批发、零售为主营业务的上市公司，隶属于江中集团。2014年12月该股股价经过一段时间上涨后，其均线系统开始逐步黏合，股价开始横向盘整，这意味着该股已经上涨至一个区域高位，此时股民朋友应该进行减仓操作，以便可以摊低成本，降低股价下跌带来的风险，等到该股确立了上涨态势后，再买进该股（图9-21）。

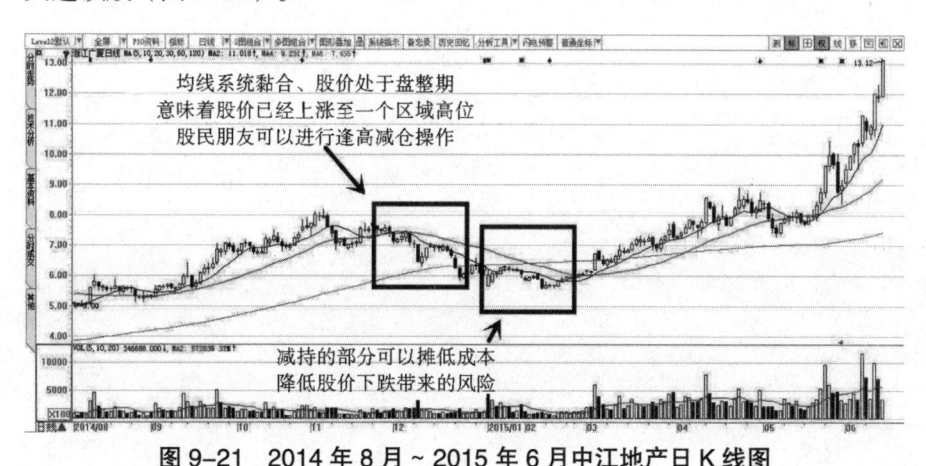

图9-21　2014年8月～2015年6月中江地产日K线图

---

[1] 中江地产于2015年12月底更名为九鼎投资。

所谓"识时务者为俊杰",如果股民朋友只懂得追涨,却不懂得"落袋为安"的道理,始终无法认识到逢高减仓的必要性,就成不了真正的炒股高手。懂得适时收手,才是一个炒股高手的获利秘诀。

附录 ◉ 炒股就是拼心态

炒股最重要的赚钱法宝是什么？既不是资金，也不是技术，而是心态，是由良好的盈利心态升华而来的一种自由境界。新股民朋友们要想步入炒股的最高境界，成为股市中的真正赢家，首先就应当培养自己正确的投资心态，打造过硬的心理素质。唯有如此，才能最终实现自己的盈利目标。

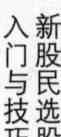

一、克服人性弱点，方可炒股赚钱

综观股市历史，无数新股民在股市中赔钱，输掉底裤，就是因为他们无法战胜人性的弱点，这些弱点有时会使人失去判断能力，作出不理智的行为；反过来说，庄家也会利用新股民的这些性格弱点，设置各种"陷阱"，大赚特赚。如果新股民朋友不想品尝一败再败的滋味，那么就有必要了解什么是人性的弱点，并有针对性地克服这些弱点，方能在股市中避开各种"陷阱"，挽回之前的损失。

1. 恐惧

恐惧是人与生俱来的本能，但不同的人克服恐惧的能力也是不同的。在生活中，一般人的恐惧可能来自黑暗、鬼怪等，在股市中则是来自股价的下跌而导致的经济损失。不管是熊市还是下跌趋势，对于无法战胜恐惧的人来说都是一种强烈的刺激。在这种恐惧的刺激下，人很难保持冷静的头脑来进行正常的思考，就可能作出一些让人后悔莫及的行为，其结果往往只有一个，那就是赔钱。因此，在股市中面对下跌趋势甚至是暴跌趋势时，要克服恐惧，始终保持一颗清醒的头脑，才有机会反败为胜。

2. 贪婪

贪婪是人性最大的弱点。在生活中有很多人因为贪婪而亲手毁掉了自己的前程；在股市中也有不少人因为贪婪而毁掉了来之不易的大好局面。新股民朋友炒股大多是为了赚钱，想要多赚是人之常情，但是如果贪得无厌，那么最后很可能"竹篮打水一场空"。这种贪念多发在股价上涨阶段，由于贪图得到更多的利益而不能及时收手抛出，结果股价回落后被套牢。

3. 浮躁

所谓浮躁通常都发生在股市震荡或是调整期间，由于新股民朋友面对不断变化的股价心中没有底，就会表现出一种焦躁不安的情绪，在这种情绪的驱使下又会作出一些盲目的冒险行为。例如，经过一段调整后已经出现了股价即将上涨的信号，可是由于新股民朋友受之前股市震荡的影响，匆忙之间抛出股票，不管从哪个方面看，这种焦躁的情绪只会给新股民朋友带来损失。因此，想要克服这种情绪就要学会冷静、学会分析，将得失视为数字的增减。保持这样的状态才能得出较为准确的判断。

4. 侥幸

如果说冲动是魔鬼，那么侥幸就是唤醒魔鬼的鸣音。许多新股民朋友在入市之前都有一定的知识储备，也拟订了相对完善的计划，但是在执行时却没有足够的力度，产生这种结果的原因就是存在侥幸心理。这种侥幸心理多发在跌势中，一部分存在侥幸心理的人手持某只跌股总觉得能逆市上涨，结果在现实面前撞得头破血流，越套越深。因此，新股民朋友一定不要存在侥幸心理，也许一次两次可以靠运气成功，但是运气不会一直都有，也许一次厄运就能抵消前面所有的成果。

5. 自负

新股民朋友拥有自信是好事，但是盲目的自信就是自负。一枚硬币出现正面和反面的概率其实是一样大的，但是如果正面连续出现3次以上，那么就很可能使人在潜意识中认为出现正面的概率更大一些，这也是自负造成的。自负会使人相信一些自我臆想的东西，而忽略真实信息所提供的内容，这样就很可能作出错误的判断，为自己带来经济损失。因此，新股民朋友一定要根据可信度高的消息和数据来决定投资行为。

6. 推卸责任

在生活中，寻找各种借口，推卸责任是最常见的人性弱点，也是最可怕的弱点，因为这种弱点很容易就能养成习惯。如果在股市中投资失败，很多人都会习惯性地把错误点归结为运气不好，甚至是出门没看皇历。这种习惯性地寻找借口虽然及时摆脱了内心压抑的情绪，但是很可能会错失"亡羊补牢"的良机，导致下一次的失败。因此，新股民朋友在犯错后应该及时总结原因，并积极改善不足的地方，如果只是一味地寻找借口，寻求自我安慰，那么就永远摆脱不了失败的命运。

人性的弱点危害有大有小，想要避免这些危害就要从根本上战胜自己，只要能够战胜自己，那么股市投资中就能避免这些人性的弱点给人带来的风险，使自己的投资更安全。

二、平常心：不以涨喜，不以跌悲

股市历史中著名的成功者们大多都有一个共性，他们都有一颗平常心。所谓的平常心并不是像归隐深山的老者一样不问世事的态度或者看破红尘的心境，而是做到在股市中面对亏损时不慌乱，面对盈利时不骄傲。说起来拥有一颗平常心是很简单的事情，但实际做起来却不是那么容易。

股市是金钱和智慧的博弈场，比的是淡定从容，玩的是云淡风轻。这只是一个数字的游戏，并不存在几亿与几万之间的差别。只有拥有平常心，才能在大盘高位时不盲目看高而多一份警惕，在大盘大跌时多一份理性主动持股和积极介入，在个股盘整时多一分耐心主动坚守；才能克服恐惧、贪婪和急功近利；才能更多地认识到股市的风险，从而积极进取，努力提高自己的水平；才能更珍惜每一次机会而不是盲目攀比、急躁不安；才能认真面对每一次失误总结经验，从而一步一个脚印地炒好每一只股票。

那么，怎样才能保持自己在股市中的平常心，真正做到不以涨喜、不以跌悲呢？

1. 加强自身的修养

一个股市高手在生活中一定也是一个知识储备充足、道德修养良好的人。一些神经质、经常抱怨、低俗的人注定不会在股市中靠实力成功。

2. 克服贪婪和恐惧

新股民朋友在股市中经常会出现一些贪念和恐惧。贪念来自盈利，而恐惧来自亏损，这种大起大落式的情绪变化，不但不能帮助新股民朋友在突发情况中作出正确的判断，反而会使人身心疲惫、信心尽失。只有真正地看淡盈利和亏损的表象，保持一颗平常心，认真总结错误和成功的经验，才能在股市中看到最后的胜利曙光。

3. 炒股要用闲钱

股市有风险，投资需谨慎。如果炒股的资金不是平日的闲钱，而是借的钱甚至是维系生活的钱，那么就注定了你无法拥有一颗平常心。你所使用的资金太过重要，一旦失去就会让你的生活发生巨大改变，正所谓关心则乱，太过于关心股本，自然容易乱了分寸。

4. 设置止盈位和止损位

止损位和止盈位的设置，是对平常心的具体解读。新股民朋友们千万不要因为买了某只股票后，股价大幅下跌却舍不得割肉止损，总想着有一天股价能够涨回来，这种心态在炒股时是一定要规避的。股市中有句俗语，叫作"炒股炒成了股东"，道尽了无数股民的无奈与辛酸。其实，如果止损位设置得当，完全可以避免出现这种情况，将资金从某只个股中抽离出来，用于其他股票的投资，让"死钱"变成"活钱"，进而将亏损的资金通过其他投资赚回来。

正常来说，止损位的设置为买入价下跌 10%，一旦股价触及止损位，那么无论什么情况，必须割肉止损。切不可过于看重这损失的 10%，这是股市纪律，也是平常心的具体表现。而止盈位则与止损位恰好相反，一般为买入价上涨 10%，一旦取得 10% 的收益，立即清仓止盈，落袋为安（附图 –1）。

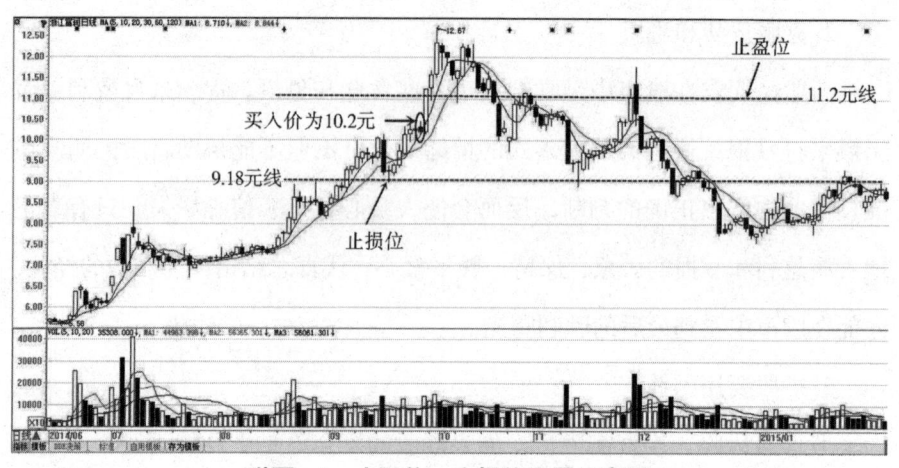

附图 –1　止盈位、止损位设置示意图

既然选择了进入股市，赚钱或赔钱便成了家常便饭，即使操盘技巧再高超的人也可能因为各种原因亏钱。因此，新股民朋友在进入股市后，一定要保持一颗平常心，及时总结自己的成功和失误经验，只有这样才能在股市中越走越远、越走越稳。

三、自律：摆平自己，方可笑傲股市

自律是炒股赚钱的保证，绝大多数股民炒股赔钱的原因之一就是因为缺乏自律，不能坚守原则，一旦经历损失就失去了信心和动力。因此，拥有良好的自律能力，对于股民来说必不可少。

想要学会自律，首先要做到的就是不要带着情绪去炒股。无论是好的情绪还是坏的情绪，都可能会影响新股民在股市中的投资行为，并且潜意识也会被这些情绪带动，导致新股民作出错误的判断。例如，某一天获利丰厚，接下来的几天里不管行情的好坏都认为自己应该还能获利。事实上，如果整体行情不好，那么新股民很可能就会将赢得的再赔回去。这个例子足以说明情绪给炒股带来的影响有多大。所以股民在进行投资行为时，要尽量摒弃自己的情绪，以客观的态度结合股市实际情况作出比较准确的判断，只有这样才能保证将获利的机会最大化。

其次，对于做好的投资计划一定要坚决执行。所谓"当局者迷，旁观者清"就是说与身陷其中的人相比，局外者观察得更为清晰、透彻。在股市中也是一样，当新股民以局外人的身份制订了一份较为详细、全面的投资计划后，在进行股市投资操作时就一定要严格实行计划。因为新股民在"陷入"股市之后，很容易受情绪、人性弱点等因素影响，无法根据实际情况作出准确的判断，从而增加投资的风险。大多数的成功投资人在做好投资计划以后，除了发生必须改变计划才能继续实行下去的情况外，都会坚持实行投资计划。而散户尤其是新股民在股市中经常失败的原因之一就是无法坚持自己的计划，一受到外部因素的影响，就脱离计划，盲目地作出判断。

最后，股民在炒股时一定要有主见。当自己的意见和多数人的意见发生分歧时，坚持自己的判断就显得尤为重要。当一只股票各个方面的信息都显示即将上涨，但是这只股票却无人问津时，新股民们还会购入这只股票吗？这种时候如果新股民不能坚持自己的意见，就很可能会错失一次赚钱的好时机。

有主见并不代表盲目自信，而是通过剔除其他因素的影响并进行综合性的分析后，认为自己的判断是对的，那么就应该坚持自己。"真理往往掌握在少数人手中"，这句话并不是空谈，在股市中赚钱的永远都是少数人。新股民朋友有时就是因为不能坚持自己的意见，盲目地跟风而导致自己被套牢，损失惨重。

新股民朋友在股市投资时，一定要做到自律、坚持，如果做不到这些，那么很容易在投资的过程中由失败走向下一次失败。新股民朋友也应该做到自律、坚持自己的意见，不要因为寂寞就盲目跟风、自乱阵脚。盲目跟风不但没有达到炒股赚钱的目的，还会打击自己的自信心，甚至可能在以后的炒股中也无法作出正确的判断。

四、果决：想到就要做到，切勿患得患失

在股市中，很多时候好的时机都是转瞬即逝，能否把握住这样的时机就成了炒股能否赚钱的关键点。很多新股民朋友不赚钱甚至亏损都是因为没有抓住最佳的时机买卖。股市行情瞬息万变，新股民小心谨慎是正常的事情，但是要想在股市中赚钱，光小心谨慎是远远不够的，不懂得当机立断，便很难有大作为。所以，新股民在炒股时必须要努力克服犹豫不决、优柔寡断的性格缺点。用心分析，做好准备，不管是在买入还是在卖出时，

只要机会一出现就立刻付诸行动，这样才能将自己获得的利益最大化。

通常情况下，当新股民朋友在判断一只股票是否该买或卖的时候，由于不敢相信自己的判断，对自己说"再等等吧"或者"会不会想错了"之类的理由来说服自己不要立刻下决定，这就使很多近在眼前的机会白白浪费。这就是因为不够果断，当判断某件事时必须要找到一个理由说服自己所导致的。这通常都是因为新股民太看重一时的得失所致。

患得患失是新股民的通病，发现机会总是会先衡量自己所得多少，是否能抵消掉损失的部分，这也是新股民在做判断的时候容易产生犹豫现象的根本原因。这种犹豫也许可以被美化成谨慎，但是在股市中过度的谨慎不但不会产生多大的收益，有些时候还会带来新的损失。遇事犹豫不决的新股民，需要慢慢改正犹豫不决的毛病，而改正这种毛病需要做到以下三点：

1. 稳

在初入股市的时候，新股民朋友要想有技术实践、经验积累的机会，就要交给股市这所大学校一定的学费，购买"股票"这种教材。开始的时候，新股民朋友可以"小打小闹"，花点小钱来细心学习股市操作技术，坚持"宁下小口，不下满口"的原则。如果一次投入过多，那么新股民朋友在患得患失之余，还要承担资金的压力，自然不能发挥百分之百的实力，赚到钱的机会自然也就变小了。

新股民朋友也不要误以为这种稳就是跟风购买，在股市中，觉得"跟着大众走，赔也不是只有自己赔"这种想法是不能有的。之前的章节也讲解过，股市中获利的人永远都是少数人。盲目跟风的炒股行为不但有可能会给新股民带来经济损失，如果无意中站到"少数派"队伍中，还会加重新股民患得患失的心理。所以，经常性地随波逐流，对新股民没有什么好处，相反只会让其离果决越来越远。

2. 准

看准一只股票后就要当机立断，行事果决。如果犹豫不决，那么就算机会再多，新股民朋友都很难抓住。而且时间拖得越久，寻到好股票的机会就越难把握。当然，股市行情在不断地变化，没有人能断言哪一种情况是必然会发生的，正因为如此，新股民朋友更要学会果决，因为股市中机会不是"死"的，而是"活"的，它不会站在某个地方等人去抓。所以新股民朋友要学会提高自己判断的准确率，争取一击必中。

3. 狠

所谓的狠有两个方面的意思：一方面在抓到机会后，可以考虑适量增加手中筹码，乘胜追击。比如，在股价刚刚上涨时买入某只个股，这只个股体现出了还要上涨的特点，那么不妨再增加筹码，狠赚一笔。反之，则要狠心割肉，将损失降到最低。另一个方面是当选择错误后，要对自己狠，不要找借口安慰自己，应该认真想想自己为什么会出错。

有了"稳""准""狠"的习惯，就不必担心因为炒股时犹豫不决而给自己带来损失。从某种程度上说，炒股的成功在于选择和决断，新股民朋友在股市中要有一颗果决的心，只有这样才能把握住机会，才不会错失更多的机会。

五、虚心：三人炒股，必有我师

一个人要想成功就要不断地摄取新的知识，不管地位和学识有多高都要虚心学习，尽可能多地掌握新的知识，培养自己把握住机会和正确方向的能力。特别是新股民与老股民相比，还有着经验的差距，更应该努力学习新知识，用最短的时间来缩小这种差距。俗话说："吃不穷，穿不穷，不会算计一世穷。"在股市中也是同样的道理，如果新股民始终满足于维持现状，不去学习新知识，那么在股市中只会越走越难，越炒越亏。

在股市中，新股民真正的竞争对手其实只有两个，一个是市场，另外一个就是新股民自己。并且从这个层面来看，不管是股民还是主力或者机构都是新股民的朋友，只要善于学习，总能从中学到一些东西。炒股之路能否成功，往往决定于新股民是否能静下心来虚心学习。

假如你在股市中获得了一笔丰厚的财富，是否会有一种自豪感？或者说成就感？这种感觉人人都会有，炒股赚了大钱却没有自豪感或者说成就感，这反而是不正常的事。但是成功的人与失败的人差别就在于获得这种成就感之后的态度。当有人向你请教如何炒股赚钱时，你是否会产生一种虚荣感？当别人叫你大师或者专家时，你是否会飘飘欲仙？成功的人不会，他们在得到金钱、荣誉后心态依旧平静，依然能保持虚心学习的心态，不断地寻找适合的投资方式和理念。而另外一些人则会飘飘欲仙甚至进入一种自我催眠的境界而不能自拔，最终一步一步滑向深渊。

有大智慧是十分难得的，有虚心学习的心态则是难求的。在股市中只有不断地学习，不断地寻找合适的投资方式和理念，才能在今后的股市之路中越走越顺，越走越富有。

那么新股民怎样才能做到虚心学习呢？以下介绍几个方法供新股民参考。

1. 虚心向他人请教

向通过炒股成功赚钱的股民虚心请教是必要的，因为他人的成功经验可以为自己带来更多的方向和点拨。向炒股亏损的人虚心请教也是必要的，从股市操作的角度来讲，其实向失败的人请教要比向成功的人请教更重要。因为在股市中，避免犯错误本身就是一种获利，而且可以创造更多的赚钱机会。

2. 充分了解股市

孙子兵法云："知己知彼，百战不殆。"股市行情瞬息万变，了解股市就是新股民一门必修的功课。只有了解股市，才能在将要出现风险的时候及时收手。

3. 拓宽自己的知识面

在股市中不光只有技术需要学习，上市公司的基本面和相关信息也需要学习。

新股民只有真正地投入到股市的学习中去，才能够掌握主动权，否则被错误蒙蔽双眼，只会走更多的弯路，损失更多的金钱。想要在股市中平稳地走下去，就要学会低头做人，抬头做事，虚怀若谷地去看待一切值得重视的问题，拥有这种心态后，胜利的大门就会为你敞开。

六、放低：期望越大，失望越大

在面对一件不可预期的事情时，人们经常会讲一句话："期望越大，失望就越大。"这个道理运用于股市中也是一样的。

股票市场中，都是大多数人亏损，小部分人盈利，而大多数人亏损的原因是急于扭转亏损的局面，在市场趋势不好甚至是疲弱的时期，进行勉强的操作，结果导致亏损。这就是因为对于股市的期望过高所导致的，如果他们对股市的期待能够降低，也许就能获得不一样的结果。

很多新股民的经验都表明，要是期望过高，当没有达到期望值时，抱有不甘心的态度，在一轮行情的追涨杀跌之后就会导致亏损。如果新股民能够坦然面对一轮较大行情中的亏损，直面现实，降低反亏为盈或者盈利的预期，那么就能避开更大的风险，从而避免扩大损失，这样才能保存实力寻找新的机会，一举反败为胜。

降低期望不单对于个股而言是这样的，对于整个市场行情也是这样的。当新股民初入股市后，要多注意"休养生息"，不管是心态还是欲望都要调整好，这样才能更好地控制自己对市场的期望。如果对市场期望过高，那么在市场变化的时候就无法调整自己的方向，对于市场的期望，应该做到宁低不高。

一些新股民朋友对那些在股市中叱咤风云的大师，或者媒体吹捧的专家非常崇拜，这种现象并不是一个好的现象。新股民初入股市，有一个远期的目标或者偶像是很正常的事，但是新股民往往会采取一些不适宜的方式。比如，某一位大师惯用什么样的手段套利，这类人就会对其使用的方法存有很大的期望，于是在股市中一味地模仿这位大师，频繁地使用大师惯有的套利方式，想通过这种模仿进入到一个更高的层次。凡事欲速则不达，这种盲目的模仿和期望，到最后很可能是事倍功半甚至可能带来惨重的经济损失。因此，新股民一定要降低自己的期望，以一种轻松的心态去炒股，如果期望过高，时刻处在一种战备状态，不说能不能获利，单是身心就会非常疲惫。

股市不会因为你的期望很高就变得如你心意，无论你的期望程度是什么样的，股市就是股市，它依旧会沿着它的轨道行走。既然是这样，为什么不降低自己的期望，微笑面对股市呢？

新股民对股市期望过高可以说是一种普遍的现象，其产生的原因是一些新股民认为有了期望才能使自己在操作中有一种方向感，才能做到有目的地炒股。这种说法不一定就不正确。每个人在生活中都应该有目标，有前进的方向。但是期望不代表梦想，梦想是没有错也没有高度的；但是期望不同，期望是可以随着人所处的环境和条件所改变的。如果一个人期望种下一颗石头能够长出来黄金，那么这种期望就是不现实的。在股市中也是一样，期望的高度越高，当得到一个结果时就会越不满意。当这种不满战胜理智时，就可能会导致操作失误等结果。如果一个农民种下一颗苹果种子，只期望得到一个苹果，那么当收获一堆苹果的时候他会感到惊喜和快乐。

在设置自己的期望值时，如果新股民能够做到"宁低不高"的话，相信就能避免出现一些低级错误。

七、稳重：确保自己输得起

自 2015 年 6 月 15 日～7 月 3 日，半个多月的时间里，上证指数跌幅高达 31.76%，这是 23 年以来最大的三周跌幅。同时，6 月 15 日至 6 月 19 日，上证指数单周跌幅为 13.32%，也是 7 年以来沪指的最大单周跌幅。

这场突如其来的"股灾"，让无数股民悲痛欲绝。一场场悲剧的上演，再次警示股民们在进入股市之前，不要先幻想要"赢多少"以改变命运，而是先问自己"输多少"不会改命运。只有输得起，才能赢得来。正如拳击台的拳手，经得住对方的击打才有打垮对方的机会。如果对方一记重拳你就吃不消，那么不如直接认输为好。

最近大半年里，证券市场的大厅开始涌进一批批开户炒股的人，有的甚至拿着购买婚房的首付一头扎进去，或将房子抵押再利用配资杠杆杀进去。可钱真的那么好赚吗？那么好赚的话赚的又是谁的钱？我们都知道，我国股票分红少之又少，几乎可以忽略不计。因此，股市在一定意义上约等于一场零和游戏：有人赚，就有人亏，两者相加等于0。如果加上交易税费，恐怕连零和游戏也不如。这种状态下，一旦亏本，可能误了终生！

股市表面上是个资本市场，实际上是人和人之间、自己的情感和理智之间作斗争的战场。没有相当的风险承受能力，首先在心态上就输人一筹，其次一点风浪就会翻船——那么多爆仓的悲剧难道还不够让人清醒吗？

古希腊有位哲学家叫苏格拉底，当时有很多年轻人找他学习。一天，一个年轻人来了，想要学习哲学。苏格拉底一言不发，带着他走到一条河边，突然用力把他推到了河里。年轻人起先以为苏格拉底在跟他开玩笑，并不在意。结果苏格拉底也跳到水里，并且拼命地把他往水底按。这下子年轻人真的慌了，求生的本能令他拼尽全力将苏格拉底掀开，爬到岸上。

年轻人不解地问苏格拉底为什么要这样做。苏格拉底回答道："我只想告诉你，做什么事都必须拥有提防落水的小心与绝处求生的决心，这样才能获得真正的成就。"

股市涨落，谁都无法准确测定。即使你完全按照"股神"级投资专家的理论指导，慎而又慎，也难保不发生"落水"的意外。

如果你想进入股市闯荡淘金，就必须先做好承受账面极大损失的心理准备。风险承受能力一方面决定于一个人本身的心理素质，另一方面也与个人的经济状况有关。

如果你想用吃饭的钱或者借来的钱到股市上捞一把，这个想法不光不靠谱，而且很危险。

八、自省：时时打扫心灵垃圾

股市是一个没有硝烟的战场，新股民作为手握股票"大军"的"将领"，想要加入这场没有硝烟的战争，最重要的是拥有良好的心态，其次才是好的战略、战术。因为只有拥有了良好的心态，才能更好地运用战略、战术。如果新股民们能在股市中保证一个良好的心态，根据市场信息等相关的信息做好、做准决定，那么就能够做到在股市中赚钱。相反的，没有一个良好的心态，自乱阵脚的"将领"无法准确地运用合理的战术，通过炒股赚钱也就无从谈起。

种种不良的心态是新股民的心魔，也是新股民在炒股时遇到的非常强大的敌人，它可以严重地影响新股民的思维、眼光和判断力。没有一个成功的炒股高手能够在恶劣心态的影响下还能在股市中呼风唤雨，做到盈多亏少。换句话说，不管他们运用了多少技术和操作手法，在这种恶劣心态的驱使下，就已经注定了无法获得成功。

良好的心态不是天生的，恶劣心态同样不是天生的。恶劣的心态只不过是在耳濡目染间形成的一种模仿他人的不良习惯，要想拥有一个良好的心态，就必须要了解恶劣的心态并且改正它。那么，什么样的心态算是恶劣的心态呢？

通过股市中投资者的表现，大致可以将常见的恶劣心态列举出以下几点：

（1）如果赔钱了我该怎么办？

（2）只要有个翻身的机会我就能赚一大笔。

（3）如果赔钱了别人会怎么看我？

（4）所谓的专家就是嘴上功夫好。

（5）只要有钱就行了。

（6）买市盈率低的股票既省钱风险又低，一举两得。

（7）庄家太强，遇到只能任人宰割。

（8）这次赔钱是因为运气不好。

（9）要买就买配送比例高的股票。

（10）不能犯错，犯错就会赔钱。

（11）一定要等到股价涨到买入价之上再卖，不能做亏本生意。

（12）既然有了付出，就应该有回报。

（13）越有钱就越成功。

（14）等股价再高点就能赚得更多。

（15）还是投资专家专业，应该把钱都交给他们。

（16）这次一定要挽回上次的损失。

（17）上次已经赚了，这次被套就被套吧。

以上这些只是常见的恶劣心态，事实上，恶劣心态远远不止上面列举的这些。

通过总结可将恶劣心态归类成如下3点：

1. 逃避心理

逃避心理一般集中发生在新股民投资失败后，一些新股民在投资失败后可能会逃避现实，认为这次失败只是运气不好，为失败寻找理由，不敢直面失败。还有一些是在失败后马上认定没有挽回损失的余地，所以就此放弃，最终导致亏损面进一步扩大。

2. 消极心理

股市是千变万化的，好的时机稍纵即逝，这样的大前提下，如果表现得过于小心，对任何人、任何事都抱有怀疑的态度，这其实是一种消极的心态。类似于"等等看吧""静观其变"的消极态度会导致失去很多的好时机。

3.投机、侥幸心理

投机、侥幸的心理往往伴随着急功近利，有投机、侥幸心理的新股民往往会做出一些自认为很"聪明"实则很傻的事情。例如，当这类人被套牢时，不观察实际情况就认为这是某个主力正在诱空，股价一定还会上涨，而事实并非如此，之后股价一路下跌，耍小聪明的结果是给自己带来了巨大的损失。

新股民在进入股市之前要将自己的恶劣心态改正，在拥有良好心态的基础上进入股市，只有这样才能带领股票"大军"驰骋股市沙场，为自己带来丰厚的回报。

九、健康：炒股最大的资本

在股市中有人能够坐看风云变幻，有的人则时时刻刻患得患失，也有的人稍有斩获就忘乎所以。新股民朋友在股市中闯荡时应该尽量避免沾染负面的情绪，因为身心健康是新股民炒股最大的资本。没有良好的身心，即使拥有了大笔金钱，又怎么有余力在股市中乘风破浪前进呢？负面的情绪只会让人处在一种低迷、消极的状态中，这样的新股民即使在股市中有了一些成就，也是得不偿失的。

不单单是股市投资的结果容易产生负面情绪，股市投资过程中也容易产生负面情绪。这类负面情绪不是低落、消极，而是一种过度的追逐和关注。有些人会为了分析股市行情而彻夜不眠，有些人的眼中只有股市，也有一些人为了股价的跌涨而哭笑。表面上看来这都是一种对炒股的热爱，事实上这些都是非常错误的行为。炒股是一件十分费神的事情，在炒股的同时应该注意劳逸结合，如果没有调整好自己的心态或者在身体不允许时还要坚持炒股，那么后果可能会很严重，甚至有时还会危及生命。

在2007年2月27日，就发生过一件让人遗憾的事情。当股市发生大暴跌的时候，一位将近六旬的老人因为暴跌行情引发了脑溢血，抢救无效不治身亡。2007年4月9日，同样的事情再次发生，一位老人因为股价大幅上涨，导致情绪过于激动，猝死在了股票交易机前。

在风险、利益共存的股市当中，如果没有良好的身心状况，那么很可能就要付出生命的代价。股市不是风平浪静的湖泊，而是波涛汹涌的大海，不管是新股民还是老股民，都应该保持一个良好的身心状况。

如果新股民能够以平和、健康的心态去应对股市的浪潮，在炒股赚钱的同时，也保证身心的健康。这样的话，即使在股市中有了损失，也没有失去其最大的资本，只要能保证身心的健康，那么就还有机会挽回之前的损失。

参考文献

[1] 杜斌. 选股非常道[M]. 北京：中国经济出版社，2013.

[2] 康凯彬. 选股细节[M]. 2版. 北京：中国纺织出版社，2015.